新时代
高校社会主义核心价值观
教育研究

XINSHIDAI
GAOXIAO SHEHUIZHUYI HEXIN JIAZHIGUAN
JIAOYU YANJIU

汪 峰 王结义◎著

安徽师范大学出版社
·芜湖·

图书在版编目(CIP)数据

新时代高校社会主义核心价值观教育研究 / 汪峰,王结义著.— 芜湖:安徽师范大学出版社,2020.7

ISBN 978-7-5676-4402-1

Ⅰ.①新… Ⅱ.①汪… ②王… Ⅲ.①社会主义核心价值观－中国－教育研究－高等学校 Ⅳ.①G616

中国版本图书馆CIP数据核字(2019)第205417号

新时代高校社会主义核心价值观教育研究　　汪　峰　王结义◎著

责任编辑:胡志立　　责任校对:胡志恒
装帧设计:张　玲　　责任印制:桑国磊
出版发行:安徽师范大学出版社
芜湖市九华南路189号安徽师范大学花津校区
网　　址:http://www.ahnupress.com/
发 行 部:0553-3883578　5910327　5910310(传真)
印　　刷:江苏凤凰数码印务有限公司
版　　次:2020年7月第1版
印　　次:2020年7月第1次印刷
规　　格:700 mm×1000 mm　1/16
印　　张:11.75
字　　数:190千字
书　　号:ISBN 978-7-5676-4402-1
定　　价:45.80元

前 言

2006年10月，党的十六届六中全会第一次明确提出了“建设社会主义核心价值体系”的重大命题，2007年10月，党的十七大报告中提出，社会主义核心价值体系是社会主义意识形态的本质体现。党的十七届六中全会对建设社会主义核心价值体系作出了更加系统的阐述和全面部署。2012年11月，党的十八大报告提出了“三个倡导”，即倡导富强、民主、文明、和谐，倡导自由、平等、公正，法治，倡导爱国、敬业、诚信、友善，分别从国家层面、社会层面和公民层面提出了价值追求。2013年12月，中共中央办公厅印发了《关于培育和践行社会主义核心价值观的意见》，对如何培育和践行社会主义核心价值观提出了具体指导意见。社会主义核心价值观的提出，立足于中国共产党带领亿万中国人民开创中国特色社会主义事业的伟大实践，是中国共产党思想政治教育发展的理论创新成果。

青年大学生是社会中最有朝气、最为活跃的群体之一。青年时期是人一生中养成科学思维方法、提高科学思维能力的重要时期，也是培育和践行社会主义核心价值观的重要时期。2014年5月4日，习近平总书记在北京大学师生座谈会上指出：“我为什么要对青年讲讲社会主义核心价值观这个问题？是因为青年的价值取向决定了未来整个社会的价值取向，而青年又处在价值观形成和确立的时期，抓好这一时期的价值观养成十分重要。这就像穿衣服扣扣子一样，如果第一粒扣子扣错了，剩余的扣子都会扣错。人生的扣子从一开始就要扣好。”习近平总书记用扣扣子这一形象的比喻勉励青年，指明了处在“拔节孕穗期”的青年学生需要接受社会主义核心价值观的教育和引导。本书以高校思想政治工作及其队伍建设为研究起点，立足新时代，开展社会主义核心价值观与高校思想政治工作的关系研究、高校社会主义核心价值观载体研究，用社会主义核心价值观引领高校社会思潮，探索建立高校社会主义核心价值观教育的长效机制和培养路径，以及习近平青年成才观及其对高校共青团发展的指导。

本书共分为八章，其中汪峰老师负责第一、二、三、四章以及第五章第一、二、四节的撰写，王结义老师负责第五章第三节和第六、七、八章的撰写。本书是2019年度教育部人文社会科学研究专项任务项目（高校思想政治工作）“高校网络育人体系建设研究”（19JDSZ1014）、2020年度教育部人文社科研究专项任务项目（高校辅导员研究）“辅导员与思政课教师协同育人研究”（20JDSZ3153）、2017年安徽省哲学社会科学规划项目“习近平总书记青年成才观研究”（AHSKQ2017D82）、2018年度安徽省高校优秀青年人才支持项目“校园文化建设视角下的高校社会主义核心价值观融入机制研究”（gxyq2018040）、2019年度安徽省高等学校省级质量工程项目“四个自信”融入思想政治理论课教学研究——以“概论课”为例，（2019szjy038）、2019年安徽省高校思政工作能力提升暨“三全育人”（高校思想政治工作创新）项目“新时代高校网络思政工作坊”（sztsjh2019-7-15）的阶段性成果。

由于作者水平有限，书中必然存在疏漏之处，敬请广大读者批评指正，以帮助我们不断提高。

王结义　汪　峰
二〇二〇年四月

目　录

第一章　改革开放以来党的理论创新与高校思想政治工作

改革开放以来，中国共产党认真总结中华人民共和国成立以来革命和建设的经验教训，立足于中国国情，不断进行理论创新，指引中国快速向前发展，取得了一个个举世瞩目的成就，为中国的迅速崛起和中华民族的伟大复兴奠定了坚实的基础。其中，党的思想政治工作起到了重要的作用。党的思想政治工作一直是我们党经济工作和其他工作的生命线，它与中国共产党的产生同步，随着时代的变迁和党的理论创新不断深化。作为培养中国特色社会主义事业建设者和接班人的高等院校，其思想政治工作是在党的理论创新的统领下不断前进而服务于中国特色社会主义事业发展的，并且经历了一个不断发展完善的历程。

第一节　邓小平对高校思想政治工作的丰富和发展

中国共产党自成立之日起就坚持以马克思列宁主义为指导，不断进行探索和总结，推进马克思主义中国化。毛泽东思想是马克思主义中国化第一次历史性飞跃的理论成果，建立了中华人民共和国，并进行了社会主义道路的探索，积累了不少经验和教训。党的十一届三中全会以来，邓小平同志站在历史的高度，总结经验教训，立足于国情，解放思想，实事求是，放眼未来，创造性地提出实行改革开放的方针政策，并坚持以经济建设为中心，围绕“什么是社会主义、怎样建设社会主义”这一基本问题进行深入探讨，不断进行理论和实践创新，开创了中国特色社会主义道路。

与此同时，高校思想政治工作逐步恢复，出现新的生机，取得了重要进展。

一、“两个文明一起抓”的方针，开创了高校思想政治工作的新局面

改革开放之初，邓小平就注意到物质文明建设和精神文明建设的问题。1979年10月，邓小平同志在中国文学艺术工作者第四次代表大会上发表祝词强调，我们要在建设高度物质文明的同时，提高全民族的科学文化水平，发展高尚的丰富多彩的文化生活，建设高度的社会主义精神文明。1983年4月，邓小平在《建设社会主义的物质文明和精神文明》一文中指出，在社会主义国家，一个真正的马克思主义政党在执政以后，一定要致力于发展生产力，并在这个基础上逐步提高人民的生活水平，这就是建设物质文明。与此同时，还要建设社会主义的精神文明，最根本的是要使广大人民有共产主义的理想，有道德，有文化，守纪律。

高校是文化传承与创新的主阵地，也是社会主义精神文明建设的主阵地，它在文化的传承、发展和创新过程中担负着重要作用。邓小平关于“两个文明一起抓”的方针，赋予了高校新的历史使命，为新时期高等教育的改革和发展奠定了基础，开创了高校思想政治工作的新局面，对引领广大青年学生弘扬中华民族伟大精神、吸纳人类文明成果、提高综合素质起到了重要的作用。

二、“尊重知识，尊重人才”的提出，为提高高校思想政治工作的地位奠定了观念基础

随着世界全球化的不断发展，国与国之间综合国力的竞争越来越表现为科学技术的竞争，谁掌握了科学技术的制高点，谁就赢得了竞争的主动权。为此，邓小平高瞻远瞩，深感知识和人才的重要。

1977年5月24日，邓小平在同中央领导同志谈话时指出，我们要实现

现代化，关键是科学技术要能上去。发展科学技术，不抓教育不行。靠空讲不能实现现代化，必须有知识，有人才。一定要在党内造成一种空气：尊重知识，尊重人才。而且后来他还明确强调，我们向科学技术现代化进军，要有一支浩浩荡荡的工人阶级的又红又专的科学技术大军，要有一大批世界第一流的科学家、工程技术专家。造就这样的队伍，是摆在我们面前的一个严重任务。这为当时教育、科技战线的发展指明了方向。从此，“尊重知识，尊重人才”以及重申“知识分子是工人阶级的一部分”成了新时期党的知识分子政策表述的代表性口号，作为培养高级人才的高校思想政治工作也受到了广泛的重视。

三、“依靠科技，优先发展教育”和“教育要为社会主义现代化建设服务”的教育方针为高校思想政治工作的开展明确了任务

我们要实现现代化，科学技术是关键，基础在教育。在指导改革开放的伟大实践中，邓小平始终把科学技术和教育作为关系社会主义现代化和社会主义命运的根本问题。1988年，邓小平就强调：“马克思讲过科学技术是生产力，这是非常正确的，现在看来这样说可能不够，恐怕是第一生产力。”[①]这个划时代的论断，充分揭示了科学技术的重要地位。同时，教育要为社会主义初级阶段“一个中心，两个基本点”的总路线服务、要为培养社会主义新人服务，构成了邓小平教育思想的核心。高校思想政治工作就是在这样的理论背景下明确了自己的任务，即不断为社会主义现代化建设培养具有坚定信念、具有优秀本领的合格科教大军。

四、“三个面向”和培养“四有新人”为高校思想政治工作指明了发展方向

根据新的历史时期国内外客观形势发展要求，邓小平从教育发展的战略高度出发，于1983年为北京景山学校题词：“教育要面向现代化，面向

① 邓小平文选：第3卷[M].北京：人民出版社，1993：274-275.

世界，面向未来。”邓小平认为，教育事业要面向我国的社会主义现代化建设，使整个教育事业同国民经济建设的发展要求相适应，同时，我们要向别的国家学习，吸收别的国家的先进技术和经验，从而赶上和超过世界先进水平。教育还应具有长远的发展后劲，不但要看到近期的需要，而且必须预见到远期的需要，要充分估计到现代科学技术特别是新技术革命的发展趋势。

邓小平独具创新的人才培养观，集中体现在他明确地提出了社会主义教育的目标是培养“四有新人”，邓小平曾经指出：“我们在建设具有中国特色的社会主义社会时，一定要坚持发展物质文明和精神文明，坚持五讲四美三热爱，教育全国人民做到有理想、有道德、有文化、有纪律。”[①]这不但丰富了社会主义教育目标的内涵，而且更加明确更加具体地为高校思想政治工作指明了发展方向。

五、“思想政治工作必须加强，不能削弱”思想有利于高校思想政治工作增强针对性和掌握主动性

思想政治工作历来是我党经济工作和其他一切工作的生命线，其中保持政治稳定是邓小平理论的重要内容。只有维护稳定，才能保证社会主义现代化建设的顺利进行。在1983年党的十二届二中全会上，邓小平指出，在工作重心转到经济建设以后，全党要研究如何适应新的条件，加强党的思想工作，防止埋头经济工作、忽视思想工作的倾向。此后，邓小平多次强调思想政治教育的重要性，指出思想政治工作和思想政治工作队伍都必须加强，不能削弱。按照邓小平“思想政治工作必须加强，不能削弱”的思想，高校思想政治工作开始增强针对性，掌握主动性，不仅重视智育，而且更加注重德育的实效性，不断坚持四项基本原则，为改革开放提供思想保障。

① 邓小平文选：第3卷[M].北京：人民出版社，1993：110.

第二节　江泽民对高校思想政治工作的丰富和发展

20世纪90年代以来，国际形势风云变幻，国内社会也经历了深刻的变化，出现了许多新情况、新特点，高校思想政治工作面临着前所未有的机遇和挑战。以江泽民同志为核心的党的第三代中央领导集体，坚持以马克思列宁主义、毛泽东思想为指导，系统地把握邓小平理论的科学体系，用邓小平理论武装全党，勇于面对严峻现实，迎难而上，在全社会大力加强和改进思想政治工作，重新发挥了党的思想政治工作的“生命线”作用，确保了建设中国特色社会主义伟大事业的顺利进行。

一、深化思想政治教育和加强国情教育为新时期高校思想政治工作奠定基础

加强和改进大学生思想政治教育，关键在于提高认识。充分认识加强和改进大学生思想政治教育的重要性和紧迫性，是大学生思想政治教育首先需要解决好的问题。江泽民在中央思想政治工作会议上强调：“大学生、硕士生、博士生是国家各方面人才的后备力量，各个领域的知识分子对社会思想文化能够产生重要影响，对他们的思想政治工作尤其要重点做好。”①这承接了“思想政治工作必须加强，不能削弱”的思想，对社会主义改革、稳定和发展起到了重要的作用。

此外，根据新形势，为深入加强广大青年的国情教育。江泽民指出：“加强教育，我想特别提出国情教育的问题。这就是近百年来中国历史的教育，社会主义必然性的教育，经济文化发展现状的教育，经济资源和人口问题的教育，中华民族优秀传统的教育，等等。广大青年拥护改革开放，但他们中不少人不了解中国的历史和现实，因此也就不可能了解改革的长期性、艰巨性、复杂性，幻想在一夜之间把西方的物质文明搬到中国

① 江泽民文选：第3卷[M].北京：人民出版社，2006：91.

土地上，比较容易接受实行资本主义制度的宣传。他们生长在祖国土地上，理应在这块土地扎下深根，理应从我们的工人、农民、战士的身上汲取精神营养。”①

二、“创新是民族进步的灵魂”理念对高校思想政治工作提出了更高的要求

时代在进步，社会在发展。对于培养中国特色社会主义事业合格建设者和可靠接班人的高等学校来说，培养学生的创新精神和能力意义重大。江泽民曾经强调：“迎接未来科学技术的挑战，最重要的是要坚持创新，勇于创新。我说过，创新是一个民族进步的灵魂，是一个国家兴旺发达的不竭动力。今天我还要说，科技创新已越来越成为当今社会生产力解放和发展的重要基础和标志。”②

三、先进文化的创新使高校思想政治工作更加系统化、深入化

先进文化是综合国力的重要标志，我们要牢牢把握其前进方向。江泽民指出：“在当代中国，发展先进文化，就是发展面向现代化、面向世界、面向未来的，民族的科学的大众的社会主义文化，以不断丰富人们的精神世界，增强人们的精神力量。”③先进文化的创新使高校思想政治教育也更加系统化、深入化。

在指导思想上，必须坚持马克思列宁主义、毛泽东思想和邓小平理论在意识形态领域的指导地位，用“三个代表”重要思想统领高校思想政治工作，深入宣传党的基本理论、基本路线、基本纲领，引导学生树立共产主义理想，树立正确的世界观、人生观和价值观。

在标准上，江泽民强调思想政治教育要以“四以”的理论标准来塑造

① 江泽民文选：第1卷[M].北京：人民出版社，2006：61.

② 江泽民文选：第2卷[M].北京：人民出版社，2006：132.

③ 江泽民文选：第3卷[M].北京：人民出版社，2006：559.

人，即“以科学的理论武装人，以正确的舆论引导人，以高尚的精神塑造人，以优秀的作品鼓舞人”。

在内容上，思想政治教育内容更加明确。江泽民指出：“加强社会主义思想道德建设，是发展先进文化的重要内容和中心环节。必须认识到，如果只讲物质利益，只讲金钱，不讲理想，不讲道德，人们就会失去共同的奋斗目标，失去行为的正确规范。要把依法治国同以德治国结合起来，为社会保持良好的秩序和风尚营造高尚的思想道德基础。要在全社会倡导爱国主义、集体主义、社会主义思想，反对和抵制拜金主义、享乐主义、极端个人主义等腐朽思想，增强全国人民的民族自尊心、自信心、自豪感，激励他们为振兴中华而不懈奋斗。”此外，他还强调：“发展社会主义文化，必须继承和发扬一切优秀的文化，必须充分体现时代精神和创造精神，必须具有世界眼光，增强感召力。”①

在任务上，要以“科教兴国”战略为目标，大力繁荣和发展教育和科学事业。在措施上，关键在于坚持与时俱进。坚持与时俱进就要体现时代性、把握规律性、富于创造性。同时，努力繁荣哲学社会科学，深化高校思想政治教育的理论性和系统性。

第三节　胡锦涛对高校思想政治工作的丰富和发展

进入21世纪以来，我国社会生活发生了深刻变化。面对新变化，以胡锦涛同志为核心的党中央坚持以马克思列宁主义、毛泽东思想、邓小平理论和“三个代表”重要思想为指导，紧密结合新的实践，不断推进新的理论创新，形成了一系列创造性的理论成果。这为不断推进当代大学生思想政治教育工作提供了重要的理论基础。

① 江泽民文选：第3卷[M].北京：人民出版社，2006：278.

一、"以人为本"为高校思想政治工作提供育人新理念

"以人为本"是科学发展观的基本价值取向，面对新形势新任务新要求，高校要进一步把握规律性，增强针对性和时效性，转变观念，落实"以人为本"的理念，时刻以学生的根本利益为出发点和落脚点，不断创新工作思路，切实做到贴近实际、贴近生活、贴近学生，坚持教育与自我教育相结合，既充分发挥学校的教育引导作用，又充分调动大学生的积极性、主动性、创造性。促进大学生综合素质的全面协调发展，努力培养德智体美全面发展的社会主义合格建设者和可靠接班人。

二、"培养什么人""如何培养人"是高校思想政治工作的现实要求

"培养什么人""如何培养人"是我国社会主义教育事业发展中必须解决好的根本问题。2004年8月26日，中共中央、国务院发布《关于进一步加强和改进大学生思想政治教育的意见》指出："大学生是十分宝贵的人才资源，是民族的希望，是祖国的未来"，"各级党委和政府要从战略和全局的高度，充分认识加强和改进大学生思想政治教育的重大意义，把'培养什么人'、'如何培养人'这一重大课题始终摆在重要位置，切实加强领导。""要建立健全党委统一领导、党政群齐抓共管、有关部门各负其责、全社会大力支持的领导体制和工作机制，形成全党全社会共同关心支持大学生思想政治教育的强大合力。"

三、"育人为本、德育为先"赋予高校思想政治工作新的内容和活力

面对新阶段新任务，胡锦涛深入总结历史、总结经验、总结教育和大学生成长成才规律，科学提出了"育人为本、德育为先"的教育观念，为办好让人民群众满意的教育，特别是为切实加强和改进大学生思想政治教

育工作进一步指明了方向和途径。胡锦涛曾经指出："我国高校办得怎么样？我国高等教育事业发展得怎么样？首先要看培养出来的大学生是不是合格，特别是思想政治素质是不是合格。全国高校都要始终不渝地全面贯彻党的教育方针，坚持学校教育、育人为本，德智体美、德育为先，充分发挥大学生思想政治教育主阵地、主课堂、主渠道的作用，全方位推进大学生思想政治教育，多方面促进大学生全面发展，为培养造就一代新人作出贡献。"[①]2007年8月31日，胡锦涛在全国优秀教师代表座谈会上进一步强调："要坚持育人为本、德育为先，把立德树人作为教育的根本任务，加强爱国主义教育，深入开展理想信念教育，加强和改进学生思想政治工作，把社会主义核心价值观体系融入国民教育体系，引导学生树立正确的世界观、人生观、价值观、荣辱观，努力培养德智体美全面发展的社会主义建设者和接班人。"

四、社会主义核心价值体系的提出有利于培养校园和谐理念

建设和谐文化，是构建社会主义和谐社会的重要任务。社会主义核心价值体系是建设和谐文化的根本。同时，构建社会主义核心价值体系也是我们党理论创新的重大理论成果，有助于增强社会主义意识形态的吸引力和凝聚力，有助于引领社会思潮。高校作为传播知识、传承文化、研究学问、培养人才的重要场所，在社会主义核心价值体系建设中具有特殊的地位和作用。我们要用中国特色社会主义共同理想凝聚力量，用以爱国主义为核心的民族精神和以改革创新为核心的时代精神鼓舞斗志，用社会主义荣辱观引领风尚，巩固全党全国各族人民团结奋斗的共同思想基础，不断培养校园和谐理念。

① 十六大以来重要文献选编[M].北京：中央文献出版社，2006：640.

第四节　习近平对高校思想政治工作的丰富和发展

恩格斯曾经深刻指出："马克思的整个世界观不是教义，而是方法。它提供的不是现成的教条，而是进一步研究的出发点和供这种研究使用的方法。"[①]党的十八大以来，以习近平同志为核心的党中央高度重视党的理论创新，2016年5月17日，习近平在哲学社会科学工作座谈会上指出："马克思主义是随着时代、实践、科学发展而不断发展的开放的理论体系，它并没有结束真理，而是开辟了通向真理的道路……把坚持马克思主义和发展马克思主义统一起来，结合新的实践不断作出新的理论创造，这是马克思主义永葆生机活力的奥妙所在。"[②]针对高校思想政治工作，党中央把其摆在更加突出的位置，作出了一系列重大决策和部署，强调高校思想政治工作只能加强不能削弱，只能前进不能停滞，只能积极作为不能被动应对。

一、"胸怀大局、把握大势、着眼大事"的全局思想赋予高校思想政治工作新的使命

党的十八大以来，党中央对高校思想政治工作的部署，是在整体推进宣传思想工作的基础上不断强化的。2013年8月19日至20日，习近平总书记在全国宣传思想工作会议上指出，"宣传思想工作一定要把围绕中心、服务大局作为基本职责，胸怀大局、把握大势、着眼大事，找准工作切入点和着力点，做到因势而谋、应势而动、顺势而为。"这进一步明确了宣传思想工作新的历史使命。习近平总书记指出："经济建设是党的中心工作，意识形态工作是党的一项极端重要的工作……宣传思想工作就是要巩

① 马克思恩格斯选集：第四卷[M].北京：人民出版社，2012：664.

② 习近平.在哲学社会科学工作座谈会上的讲话[N].人民日报，2016-05-19(02).

固马克思主义在意识形态领域的指导地位，巩固全党全国人民团结奋斗的共同思想基础。”[①]其中，“党校、干部学院、社会科学院、高校、理论学习中心组等都要把马克思主义作为必修课，成为马克思主义学习、研究、宣传的重要阵地。新干部、年轻干部尤其要抓好理论学习，通过坚持不懈学习，学会运用马克思主义立场、观点、方法观察和解决问题，坚定理想信念。”[②]这对各部门、各层面在思想政治工作中的任务使命提出了新的要求，对新时期思想政治工作的主要内容作出了规定，也明确了“两个巩固”的目标。

二、“战略工程、固本工程、铸魂工程”是加强和改进新形势下高校宣传思想工作的新要求

2015年，中共中央办公厅、国务院办公厅联合印发了《关于进一步加强和改进新形势下高校宣传思想工作的意见》，《意见》强调，意识形态工作是党和国家一项极端重要的工作，高校作为意识形态工作前沿阵地，肩负着学习研究宣传马克思主义，培育和弘扬社会主义核心价值观，为实现中华民族伟大复兴的中国梦提供人才保障和智力支持的重要任务。做好高校宣传思想工作，加强高校意识形态阵地建设，是一项战略工程、固本工程、铸魂工程，事关党对高校的领导，事关全面贯彻党的教育方针，事关中国特色社会主义事业后继有人，对于巩固马克思主义在意识形态领域的指导地位，巩固全党全国人民团结奋斗的共同思想基础，具有十分重要而深远的意义。这份文件充分体现了党中央对高校宣传思想工作的重视，是党中央关于意识形态工作在普遍部署之上的特殊部署，也是高校系统贯彻落实习近平总书记2013年8月19日至20日在全国宣传思想工作会上的重要讲话精神的重要举措。

① 习近平谈治国理政[M].北京：外交出版社，2014:153.

② 习近平谈治国理政[M].北京：外交出版社，2014:154.

三、“培养什么样的人、如何培养人、为谁培养人”“办什么样的大学、怎样办大学”明确了高校思想政治工作的根本任务

2016年12月7日至8日，全国高校思想政治工作会议在北京召开，习近平总书记出席会议并发表重要讲话。习近平总书记从全局和战略高度，对事关我国高等教育事业发展的一系列重大问题进行了深刻回答，对进一步加强和改进高校思想政治工作的重大意义、目标定位、主要任务和基本要求进行了系统阐释。习近平总书记的重要讲话是中国特色社会主义教育理论的又一重大创新成果，是加强和改进新形势下高校思想政治工作、办好中国特色社会主义高校的纲领性文献。在讲话中，习近平总书记把加强高校思想政治工作的逻辑从育人的一个维度拓展到办学、育人两个维度。他强调，高校思想政治工作关系高校培养什么样的人、如何培养人以及为谁培养人这个根本问题。要坚持把立德树人作为中心环节，把思想政治工作贯穿教育教学全过程，实现全程育人、全方位育人，努力开创我国高等教育事业发展新局面。习近平总书记指出，我国有独特的历史、独特的文化、独特的国情，决定了我国必须走自己的高等教育发展道路，扎实办好中国特色社会主义高校。我国高等教育发展方向要同我国发展的现实目标和未来方向紧密联系在一起，为人民服务，为中国共产党治国理政服务，为巩固和发展中国特色社会主义制度服务，为改革开放和社会主义现代化建设服务。他强调，办好我们的高校，必须坚持以马克思主义为指导，全面贯彻党的教育方针。要坚持不懈传播马克思主义科学理论，坚持不懈培育和弘扬社会主义核心价值观，坚持不懈促进高校和谐稳定，坚持不懈培育优良校风和学风。思想政治工作从根本上说是做人的工作，必须围绕学生、关照学生、服务学生，不断提高学生思想水平、政治觉悟、道德品质、文化素养，帮助学生成长为德才兼备、全面发展的人才。要教育引导学生正确认识世界和中国发展大势，正确认识中国特色和国际比较，正确认识时代责任和历史使命，正确认识远大抱负和脚踏实地。针对如何做好高校思想政治工作，习近平总书记指出，做好高校思想政治工作，要做到

因事而化、因时而进、因势而新。遵循思想政治工作规律，遵循教书育人规律，遵循学生成长规律，不断提高工作能力和水平。针对教师队伍建设，习近平总书记强调，要加强师德师风建设，坚持教书和育人相统一，坚持言传和身教相统一，坚持潜心问道和关注社会相统一，坚持学术自由和学术规范相统一，引导广大教师以德立身、以德立学、以德施教。最后，习近平总书记还强调，办好我国高等教育，必须坚持党的领导，牢牢掌握党对高校工作的领导权，使高校成为坚持党的领导的坚强阵地。党委要保证高校正确办学方向，掌握高校思想政治工作主导权，保证高校始终成为培养社会主义事业建设者和接班人的坚强阵地。

四、“举旗帜、聚民心、育新人、兴文化、展形象”是高校宣传思想工作的目标方向

2018年8月21日至22日，全国宣传思想工作会议在北京再次召开。习近平总书记出席会议并发表重要讲话。他强调，完成新形势下宣传思想工作的使命任务，必须以新时代中国特色社会主义思想和党的十九大精神为指导，增强“四个意识”、坚定“四个自信”，自觉承担起“举旗帜、聚民心、育新人、兴文化、展形象”的使命任务，坚持正确政治方向，在基础性、战略性工作上下功夫，在关键处、要害处下功夫，在工作质量和水平上下功夫，推动宣传思想工作不断强起来，促进全体人民在理想信念、价值理念、道德观念上紧紧团结在一起，为服务党和国家事业全局作出更大贡献。习近平总书记在这次会议上的讲话精神为新形势下做好高校宣传思想工作进一步明确了任务、指明了方向。

五、“培养德智体美劳全面发展的社会主义建设者和接班人”是新时代高校思想政治工作的价值追求

2018年9月10日，全国教育大会在北京召开。习近平总书记出席会议并发表重要讲话。他强调，在党的坚强领导下，全面贯彻党的教育方针，

坚持马克思主义指导地位，坚持中国特色社会主义教育发展道路，坚持社会主义办学方向，立足基本国情，遵循教育规律，坚持改革创新，以凝聚人心、完善人格、开发人力、培育人才、造福人民为工作目标，培养德智体美劳全面发展的社会主义建设者和接班人，加快推进教育现代化、建设教育强国、办好人民满意的教育。习近平在讲话中指出，培养什么人，是教育的首要问题。我国是中国共产党领导的社会主义国家，这就决定了我们的教育必须把培养社会主义建设者和接班人作为根本任务，培养一代又一代拥护中国共产党领导和我国社会主义制度、立志为中国特色社会主义奋斗终生的有用人才。这是教育工作的根本任务，也是教育现代化的方向目标。为此，他明确强调，要在坚定理想信念上下功夫，要在厚植爱国主义情怀上下功夫，要在加强品德修养上下功夫，要在增长知识见识上下功夫，要在培养奋斗精神上下功夫，要在增强综合素质上下功夫，要树立健康第一的教育理念，要全面加强和改进学校美育，要在学生中弘扬劳动精神。要努力构建德智体美劳全面培养的教育体系，形成更高水平的人才培养体系。要把立德树人融入思想道德教育、文化知识教育、社会实践教育各环节，贯穿基础教育、职业教育、高等教育各领域，学科体系、教学体系、教材体系、管理体系要围绕这个目标来设计，教师要围绕这个目标来教，学生要围绕这个目标来学。凡是不利于实现这个目标的做法都要坚决改过来。在讲话中，习近平总书记特别强调，思想政治工作是学校各项工作的生命线，各级党委、各级教育主管部门、学校党组织都必须紧紧抓在手上。要精心培养和组织一支会做思想政治工作的政工队伍，把思想政治工作做在日常、做到个人。

六、“立德树人 培根铸魂”的育人情怀为办好新时代高校思政课提供了根本遵循

思政课是高校思想政治工作的主渠道和主阵地。习近平总书记在全国高校思想政治工作会议上明确指出，思想政治理论课要坚持在改进中加强，不断提升思想政治教育亲和力和针对性，满足学生成长发展的需求和

期待。为抓好思想政治理论课建设，2019年3月18日，习近平总书记在北京主持召开学校思想政治理论课教师座谈会并发表重要讲话。他强调，思想政治理论课是落实立德树人根本任务的关键课程。青少年阶段是人生的“拔节孕穗期”，最需要精心引导和栽培。我们办中国特色社会主义教育，就是要理直气壮开好思想政治理论课，用新时代中国特色社会主义思想铸魂育人，引导学生增强中国特色社会主义道路自信、理论自信、制度自信、文化自信，厚植爱国主义情怀，把爱国情、强国志、报国行自觉融入到坚持和发展中国特色社会主义事业、建设社会主义现代化强国、实现中华民族伟大复兴的奋斗之中。思政课作用不可替代，思政课教师队伍责任重大……思政课教师，要给学生心灵埋下真善美的种子，引导学生扣好人生第一粒扣子。思政课教师要做到“政治要强、情怀要深、思维要新、视野要广、自律要严、人格要正”。推动思想政治理论课改革创新，要不断增强思想政治理论课的思想性、理论性和亲和力、针对性，要坚持政治性和学理性相统一，坚持价值性和知识性相统一，坚持建设性和批判性相统一，坚持理论性和实践性相统一，坚持统一性和多样性相统一，坚持主导性和主体性相统一，坚持灌输性和启发性相统一，坚持显性教育和隐性教育相统一。同时，习近平总书记还强调，办好中国的事情，关键在党。各级党委要把思想政治理论课建设摆上重要议程，抓住制约思政课建设的突出问题，在工作格局、队伍建设、支持保障等方面采取有效措施。

改革开放以来，高校思想政治工作实效性发展体现了历史性和时代性的统一、继承性和创新性的统一，以及理论性和实践性的统一。因此，不断加强党的理论创新，推进高校思想政治工作创新发展，是高校适应新时代、解决新问题的必然要求，也是我们培养德智体美劳全面发展的社会主义建设者和接班人的根本保障。

第二章　社会主义核心价值观与高校思想政治工作

任何一个社会都存在多种多样的价值观念和价值取向，要把全社会意志和力量凝聚起来，必须有一套与经济基础和政治制度相适应并能形成广泛社会共识的核心价值观。核心价值观承载着一个民族、一个国家的精神追求，体现着一个社会评判是非曲直的标准。正如习近平总书记所指出的，核心价值观是一个民族赖以维系的精神纽带，是一个国家共同的思想道德基础。如果没有共同的核心价值观，一个民族、一个国家就会魂无定所、行无依归。

第一节　“德智体美劳”全面发展教育思想与社会主义核心价值观

教育是国之大计、党之大计，是民族振兴、社会进步的重要基石，是功在当代、利在千秋的德政工程。2018年9月10日，习近平总书记在全国教育大会上发表重要讲话，全面总结了党的十八大以来教育改革发展实践中形成的新理念新思想新观点，极具思想性、方向性、指导性，是系统科学的新时代中国特色社会主义教育理论体系，具有重要的里程碑意义，为我们做好新时代教育工作提供了根本遵循。培养德智体美劳全面发展的社会主义建设者和接班人，教师要在加强品德修养上下功夫，教育引导学生培育和践行社会主义核心价值观，踏踏实实修好品德，成为有大爱大德大情怀的人。

一、“德智体美劳”全面发展教育思想的历史沿革

教育的首要问题是培养什么人的问题。马克思曾经指出，从工厂制度中萌发出了未来教育的幼芽，未来教育对所有已满一定年龄的儿童来说，就是生产劳动同智育和体育相结合，它不仅是提高社会生产的一种方法，而且是造就全面发展的人的唯一方法。这是马克思主义教育思想的核心内容。在2018年9月10日至11日召开的全国教育大会上，习近平总书记发表重要讲话，明确提出我们的教育必须把培养德智体美劳全面发展的社会主义建设者和接班人作为根本任务，这是对马克思主义教育思想的传承与发展。

经过教育历史的考察，“德智体美劳”教育思想有一个逐步形成的发展过程。在中国最早直接提出“德智体美劳”五育并重教育方针的是蔡元培。“德智体美劳”五育并重的教育思想在民国时期得到普遍认同，但也没有写进1922年通过的“新学制”中，没有得到真正贯彻执行。中华人民共和国成立以后，党中央非常重视教育工作，适时制定和调整党的教育方针政策，具有鲜明的时代特色。

1949年，中国人民政治协商会议第一次全体会议一致通过了《中国人民政治协商会议共同纲领》。其中，在《共同纲领》第五章“文化教育政策”第一条中明确规定：“中华人民共和国的文化教育为新民主主义的”，即民族的、科学的、大众的文化教育。

1957年，毛泽东在《关于正确处理人民内部矛盾的问题》中提出：“我们的教育方针，应该使受教育者在德育、智育、体育几方面都得到发展，成为有社会主义觉悟的有文化的劳动者。”这一论断确立了关于教育首要问题的回答。

1978年3月，《中华人民共和国宪法》明确规定：“国家大力发展教育事业，提高全国人民的文化科学水平。教育必须为无产阶级政治服务，同生产劳动相结合，使受教育者在德育、智育、体育几方面都得到发展，成为有社会主义觉悟的有文化的劳动者。”在改革开放之初，邓小平同志又

提出教育要“面向现代化，面向世界，面向未来”，要培养“有理想、有道德、有文化、有纪律”的“四有新人”。

1993年2月，中共中央、国务院颁布《中国教育改革和发展纲要》，指出：“教育必须为社会主义现代化建设服务，必须与生产劳动相结合，培养德、智、体全面发展的建设者和接班人。”此时，“德智体全面发展”的教育思想已经形成共识，并写入1995年颁布的《中华人民共和国教育法》，其中明确把培养德智体全面发展的社会主义事业的建设者和接班人作为我们的教育方针。在1998年颁布的《中华人民共和国高等教育法》第四条中也明确指出高等教育必须贯彻国家的教育方针，为社会主义现代化建设服务，与生产劳动相结合，使受教育者成为德、智、体等方面全面发展的社会主义事业的建设者和接班人。

随着时代的发展，1999年6月《中共中央国务院关于深化教育改革全面推进素质教育的决定》指出：“以提高国民素质为根本宗旨，以培养学生的创新精神和实践能力为重点，造就‘有理想、有道德、有文化、有纪律’的、德智体美等全面发展的社会主义事业建设者和接班人。”明确在德智体后面加上了美育。

2015年12月27日《中华人民共和国教育法》（修订）第五条作了修改，明确指出教育必须为社会主义现代化建设服务、为人民服务，必须与生产劳动和社会实践相结合，培养德、智、体、美等方面全面发展的社会主义建设者和接班人。《中华人民共和国高等教育法》第四条也作了修改，明确指出高等教育必须贯彻国家的教育方针，为社会主义现代化建设服务、为人民服务，与生产劳动和社会实践相结合，使受教育者成为德、智、体、美等方面全面发展的社会主义建设者和接班人。党的十八大和十九大提出了“立德树人”教育方针，仍然延续“德智体美”全面发展的教育思想。其中，党的十八大报告提出，坚持教育为社会主义现代化建设服务、为人民服务，把立德树人作为教育的根本任务，培养德智体美全面发展的社会主义建设者和接班人。党的十九大报告提出，建设教育强国是中华民族伟大复兴的基础工程，必须把教育事业放在优先位置，加快教育现代化，办好人民满意的教育。要全面贯彻党的教育方针，落实立德树人根本任务，发展素质教育，推进教育公平，培养德智体美全面发展的社会主义建设者和接班人。

2018年9月10日，在全国教育大会上，习近平总书记首次提出，“培养德智体美劳全面发展的社会主义建设者和接班人。”明确把全面发展的概念从“德智体美”扩展到“德智体美劳”，不仅彰显出对马克思主义教育思想的传承与发展，而且也为新时代党的教育事业和广大教育工作者赋予了神圣使命。

二、“德智体美劳”全面发展教育思想与核心价值观

教育是国之大计、党之大计。习近平总书记在全国教育大会上的讲话明确指出，培养什么人，是教育的首要问题。这就决定了我们的教育必须把培养社会主义建设者和接班人作为根本任务，培养一代又一代拥护中国共产党领导和我国社会主义制度、立志为中国特色社会主义事业奋斗终生的有用人才，即在党的坚强领导下，全面贯彻党的教育方针，坚持马克思主义指导地位，坚持中国特色社会主义教育发展道路，坚持社会主义办学方向，立足基本国情，遵循教育规律，坚持改革创新，以凝聚人心、完善人格、开发人力、培育人才、造福人民为工作目标，培养德智体美劳全面发展的社会主义建设者和接班人，加快推进教育现代化、建设教育强国、办好人民满意的教育。

众所周知，人的全面发展是教育目的最基本的理论，包含人的素质发展的多方面、多层次和多样化。而德智体美劳是对人的素质定位的基本准则，也是人类社会教育的趋向目标。德育、智育、体育、美育、劳育五个方面是一个整体，只有五个方面均衡发展才是全面发展的人。但在现实中，无论是学校教育还是家庭教育，智育往往处于主要地位，其他往往被选择性忽视，尤其是劳育。加强劳动教育具有非常重要的意义，我们通过劳动教育，让学生热爱劳动、尊重劳动，尊重每一位劳动者，使他们真正认识到劳动是财富的源泉，“幸福是奋斗出来的”；让他们相信劳动是推动人类社会进步的根本力量，社会发展中的各种难题，只有通过创造性劳动

才能破解；让他们自觉将日常生活与理想追求紧密结合，在劳动创造中实现远大理想和个人目标，树立依靠辛勤劳动、诚实劳动，以劳动获取财富、实现人生价值的正确思想观念①。

让学生德智体美劳全面发展，归根到底就是要坚持立德树人根本任务，这是教育事业发展必须始终牢牢抓住的灵魂。从“德智体美劳”全面发展教育思想和社会主义核心价值观的内在逻辑关系来看，两者具有内在统一性。培养德智体美劳全面发展的人才是社会主义合格建设者和可靠接班人的必备条件。为了全面贯彻党的教育方针，加强高校学生思想政治教育工作，引导学生坚定理想信念，形成良好的道德品质，养成文明行为习惯，勤奋学习，强健体魄，成为中国特色社会主义合格建设者和可靠接班人，教育部颁布的《高等学校学生行为准则》明确提出，当代大学生要做到志存高远，坚定信念；热爱祖国，服务人民；勤奋学习，自强不息；遵纪守法，弘扬正气；诚实守信，严于律己；明礼修身，团结友爱；勤俭节约，艰苦奋斗；强健体魄，热爱生活。社会主义核心价值观从三个层面对全体公民提出了要求，富强、民主、文明、和谐是国家层面的价值目标，自由、平等、公正、法治是社会层面的价值取向，爱国、敬业、诚信、友善是公民个人层面的价值准则。

第二节　社会主义核心价值观与高校思想政治工作的融合

随着全球化和信息化社会的不断推进，我国社会各方面都发生了深刻变化，经济体制变革，人们思想多元多变的现象愈加明显，特别是“90后”“00后”大学生，具有自己鲜明的时代特点。在遵循思想政治工作规律、教书育人规律和学生成长规律的基础上，把社会主义核心价值观融入高校思想政治工作中，引导广大师生做社会主义核心价值观的坚定信仰者、积极传播者、模范践行者，不仅是时代发展的需要，更是培养德智体

① 王殿军.补齐劳动教育的短板[N].中国教育报,2018-10-31(09).

美劳全面发展的社会主义合格建设者和可靠接班人的必然要求。

一、高校培育和践行社会主义核心价值观教育的重要意义

（一）丰富高校思想政治工作重要内容

2016年12月，习近平总书记在全国高校思想政治工作会议上指出，“高校思想政治工作关系高校培养什么样的人、如何培养人以及为谁培养人这个根本问题。要坚持把立德树人作为中心环节，把思想政治工作贯穿教育教学全过程，实现全程育人、全方位育人，努力开创我国高等教育事业发展新局面。”同时，他还强调，“我们的高校是党领导下的高校，是中国特色社会主义高校。办好我们的高校，必须坚持以马克思主义为指导，全面贯彻党的教育方针……要坚持不懈培育和弘扬社会主义核心价值观，引导广大师生做社会主义核心价值观的坚定信仰者、积极传播者、模范践行者。”①因此，社会主义核心价值观是高校思想政治工作的重要内容，是高校办学的灵魂。坚持以社会主义核心价值观为引领，是不断提高青年大学生的思想水平、政治觉悟、道德品质、文化素养和身心素质的重要基础。高校应当正确把握社会主义核心价值观的内容和精髓，把社会主义核心价值观教育融入高校思想政治工作的各个环节和过程，正确引导青年大学生世界观、人生观和价值观的形成。

（二）为中华民族伟大复兴中国梦汇聚力量

党的十九大报告明确指出：从二〇二〇年到二〇三五年，在全面建成小康社会的基础上，再奋斗十五年，基本实现社会主义现代化。从二〇三五年到本世纪中叶，在基本实现现代化的基础上，再奋斗十五年，把我国建成富强民主文明和谐美丽的社会主义现代化强国。”“两个一百年”的战略安排将“近期、中期、远期”目标有机结合起来，方向更加明确，路线更加清晰，彰显出以习近平同志为核心的党中央领导全国各族人民实现

① 习近平.习近平在全国高校思想政治工作会议上的讲话[N].人民日报，2016-12-09(01).

"两个一百年"奋斗目标的强大决心和坚定信心。从时间维度来看，现在的青年大学生大多在20岁左右，到2020年全面建成小康社会时，很多人还不到25岁；到2035年，基本实现社会主义现代化时，很多人也不到40岁，到21世纪中叶，在建成富强民主文明和谐美丽的社会主义现代化强国时，还不到60岁。也就是说，实现"两个一百年"奋斗目标，千千万万青年大学生将全过程参与，他们是未来中国特色社会主义事业建设的生力军和主要力量，从这个层面可以说，他们既是逐梦者，更是筑梦者。但中国特色社会主义事业的发展和中华民族的伟大复兴不是一帆风顺的，需要用社会主义核心价值观托举着大学生的梦想和信念。因为一个大国的崛起与发展，更多表现的是内在凝聚力的外延展示。从国家层面来看，"富强、民主、文明、和谐"八个字是社会主义初级阶段党的基本路线当中的核心内容，体现了中国特色社会主义的本质要求；从社会层面来看，"自由、平等、公正、法治"，确立了中国特色社会主义社会发展的价值导向，不仅反映了社会主义社会的基本属性，而且体现了中国特色社会主义社会的基本精神要素和价值追求；从个人层面来看，"爱国、敬业、诚信、友善"是个人层面的价值准则，也是社会主义社会公民的基本道德规范，为打造和谐幸福的社会、富强文明的国家奠定基石。社会主义核心价值观的三个层面紧密相连，相互统一，青年大学生只有内化于心，外化于行，充分践行，才能形成强大的凝聚力和向心力。

（三）为培养社会主义合格建设者和可靠接班人提供保障

培养和践行社会主义核心价值观，首先必须要深刻领会社会主义核心价值体系的内涵和精神实质。社会主义核心价值体系是社会主义制度的内在精神和生命之魂，是社会主义制度在价值层面的本质规定，它揭示了社会主义国家经济、政治、文化、社会的发展动力，体现了富强、民主、文明、和谐、美丽的社会主义现代化强国的发展要求，反映了全国各族人民的核心利益和共同愿望。社会主义核心价值观是社会主义核心价值体系的内核，体现社会主义核心价值体系的根本性质和基本特征，反映社会主义核心价值体系的丰富内涵和实践要求，是社会主义核心价值体系的高度凝练和集中表达。我们从社会主义核心价值观在国家层面提出的要求来看，“富强、民主、文明、和谐”正是历史与时代、国家与民族对当代大学生赋予的历史使命和责任担当，是培养中国特色社会主义事业建设者和接班人在价值层面的具体要求。大学生是未来社会主义事业建设的生力军，是国家发展的动力源泉，是实现中华民族伟大复兴的主力军。2018年9月10日，习近平总书记在全国教育大会上明确指出，“培养什么人，是教育的首要问题。我国是中国共产党领导的社会主义国家，这就决定了我们的教育必须把培养社会主义建设者和接班人作为根本任务，培养一代又一代拥护中国共产党领导和我国社会主义制度、立志为中国特色社会主义奋斗终身的有用人才。这是教育工作的根本任务，也是教育现代化的方向目标。”因此，高校培育和践行社会主义核心价值观是新时代培养社会主义事业建设者和接班人的迫切要求。

二、构建科学领导机制，推动培育和践行社会主义核心价值观制度化、长效化

高校培育和践行社会主义核心价值观是一项长期、复杂而艰巨的任务，是培养德智体美劳全面发展的社会主义事业建设者和接班人的应有之义。必须坚持全员全过程全方位育人理念，使社会主义核心价值观的影响渗透高校思想政治工作的各个角落。

（一）完善学校宣传思想工作机制

完善学校宣传思想工作机制，要加强党对宣传思想工作的全面领导，旗帜鲜明地坚持党管宣传、党管意识形态，牢牢掌握宣传思想工作的领导权主导权。构建“大宣传”“大思政”工作格局，建立党委统一领导、党政工团齐抓共管、党委宣传部门牵头协调、院（部）和有关职能部门各尽其责，广大师生员工共同参与的工作机制，统筹各方力量，协同做好宣传思想工作和高校思想政治教育工作。明确思想政治教育工作职责分工，进一步形成工作合力，把社会主义核心价值观要求体现到课程育人、科研育

人、实践育人、文化育人、网络育人、心理育人、管理育人、服务育人、资助育人和组织育人的工作中，把解决思想问题与实际问题结合起来，推动培育和践行社会主义核心价值观同实际工作融为一体、相互促进。

（二）强化责任落实

落实政治责任和领导责任，进一步管好阵地、管好导向、管好队伍。坚持“一把手”负责制，高校党委书记和校长要旗帜鲜明地站在意识形态工作第一线，准确把握校内外舆论导向。将培育和践行社会主义核心价值观工作纳入学校重要议事日程，把工作落细落小落实。同时，积极建立健全监督评价机制、专家评估机制以及舆论监督机制，对工作效果和政策执行落实情况进行督促、检查和评估，并把此项工作内容作为高校综合考核和各级领导干部年终考核的重要内容。

（三）发挥基层党组织和工会、共青团的作用

充分发挥基层党组织战斗堡垒和党员先锋模范作用，积极推进基层党组织思想建设，调动广大党员培育和践行社会主义核心价值观的积极性、主动性和自觉性。坚持党建带工建，发挥好工会联系教职工的桥梁和纽带作用，以社会主义核心价值观为引领，坚持马克思主义，把立德树人作为中心环节，更好地开展教育教学和服务管理工作。坚持党建带团建，积极做好青年思想引导工作，用科学的理论武装青年，用历史的眼光启示青年，用伟大的目标感召青年，用光明的未来激励青年，使他们不断增进信念和信心，为把我国建成富强民主文明和谐美丽的社会主义现代化强国而奋斗。

三、加强教师队伍建设，提升将社会主义核心价值观融入育人全过程的能力和水平

（一）加强教师队伍思想政治工作

坚持用中国特色社会主义理论体系武装教师头脑，提高教师的思想政

治素质，增强道路自信、理论自信、制度自信、文化自信。严把教师聘用考核政治关、素质关，强化日常教育与管理，努力造就一支有理想信念、有道德情操、有扎实学识、有仁爱之心的“四有”教师队伍。积极关注青年教师的思想动态，通过“传、帮、带”等形式着力加强青年教师队伍建设。加强政治引领和吸纳，注重在优秀青年教师中培养和发展党员工作，最大限度把各类优秀人才汇聚在党组织的周围。使广大教师在培育和践行社会主义核心价值观的过程中，担负起“学为人师，德高为范”的重任，能以良好的道德情操、优良的品质、高尚的人格，在大学生群体中树立威信，成为大学生学习和效仿的榜样，使大学生在潜移默化中自觉接受社会主义核心价值观教育，在内心深处实现对社会主义核心价值观的情感认同，并在良好品德的自主建构中践行社会主义核心价值观。

（二）配齐建强思想政治工作队伍

以配齐建强队伍为重点，以提高工作能力为核心，以改革完善激励机制为保障，统筹推进高校党政干部和共青团干部、思想政治理论课教师和哲学社会科学课教师、辅导员和班主任、心理健康教育教师和学生骨干等思想政治工作队伍建设。把思想政治工作队伍建设纳入学校人才队伍建设规划和培训计划，按照“政治上强起来、业务上强起来”的要求，加强理论学习、业务培训和实践锻炼，切实增强他们主动学习和践行社会主义核心价值观的能力和水平，注重增强社会主义核心价值观的网络传播能力和舆论引导能力，在大学生群体中产生示范效应，真正成为学生健康成长的指导者和引路人。

四、把社会主义核心价值观融入大学生学习生活各方面

（一）融入课堂教学主渠道

马克思在《黑格尔法哲学批判导言》中指出，“理论只要说服人，就能掌握群众；而理论只要彻底，就能说服人。所谓彻底，就是抓住事物的根

本。”充分发挥高校思想政治理论课主渠道、主阵地作用，按照新时代高校思想政治理论课教学工作基本要求，结合课程内容，深入阐述社会主义核心价值观，增强课堂教学的吸引力、说服力和感染力，避免出现表面的或片面的融入。积极推动“思政课程”向“课程思政”的转变，认真挖掘其他各门课程的“思政元素”，将其列入教学计划的重要条目和课堂讲授的重要内容，把知识教育同价值观教育结合起来，使各类课程与思想政治理论课同向同行，同频共振，形成协同效应，构建起全课程育人的格局，实现社会主义核心价值观进教材、进课堂、进头脑。

（二）融入校园文化建设中

大力加强校园文化建设，建设体现中国特色社会主义特点、时代特征、学校特色、符合主流价值要求的校园文化。加强校园人文环境建设，健全文化设施，优美的校园环境形象能熏陶和感染人的思想，使师生在思想上、情感上和心理上对学校产生认同，潜移默化地影响着大学生的思维方式和价值理念。可以利用重大节庆日、民族传统节日及开学典礼、毕业典礼等，举办庄严庄重、内涵丰富的庆祝和纪念活动，广泛开展爱国主义、传统文化和诚信教育等活动。同时，积极组织开展高雅艺术进校园活动等品牌特色文化活动，积极营造践行社会主义核心价值观的浓厚氛围。

（三）融入社会实践活动中

坚持把培育和践行社会主义核心价值观贯穿于学校各类社会实践的全过程，组织开展好大学生暑期文化科技卫生“三下乡”“学雷锋”志愿服务月、主题社会实践和专业实习实训等工作。加强实践育人基地建设，拓展大学生校外思政实践教育基地。完善实践育人教育教学体系，开展社会责任感教育，开发涵盖社会主义核心价值观的实践课程和活动课程，健全相应的学时学分制度。广泛组织学生参观爱国主义教育基地、博物馆、纪念馆等，组织学生参加形式多样的志愿服务和勤工俭学活动，形成爱学习、爱劳动、爱祖国活动的有效形式。深入开展国防教育和军事训练，弘扬社会主义法治精神。大力开展诚信教育，将诚信作为大学生行为规范的最基本要求。

（四）融入师德师风建设中

引导广大教师“学为人师、行为世范”，增强教书育人的荣誉感和责任感，做学生健康成长的指导者和引路人。将师德建设作为学校工作考核、办学质量评估和学校年终考核的重要指标，作为教师业绩考核、职称评审、岗位聘用、评优奖励的首要内容。完善师德考评制度，实行师德表现一票否决制。把核心价值观纳入教师教育和培训课程体系，融入教师职前培养和准入、职后培训和管理的全过程。严肃纪律要求，坚持“学术研究无禁区，课堂讲授有纪律”的原则，坚持正确导向，传播正能量，把社会主义核心价值观的深刻内涵和精神实质融入教育教学全过程。

五、加强宣传思想阵地管理，让社会主义核心价值观占领高校网络阵地

（一）严格网络信息安全管理

切实把网络舆论引导作为高校思想政治工作的重中之重，引导网络文化健康发展。强化网络安全管理与宣传教育，严格执行校园网站登记备案、用户上网实名注册等制度，筑牢校园网络安全“防火墙”。高校要加强网络平台建设，注重高水平“网军队伍”的培养，创建思想政治教育专题网站，积极培育名站、名栏、名师，进一步加强网络思政和文化建设。坚持“管得住是硬道理、正能量是总要求”，严格网络新闻信息审核把关，提高网上议题设置能力和舆论引导水平，做大做强网上正面思想舆论。把博客、微博、微信等纳入媒体统一管理，建立官方微博、微信公众号和手机客户端“两微一端”备案制度，让社会主义核心价值观占领高校网络阵地。加强网络评论员队伍建设，打造一支敢于发声、善于发声的网络工作队伍，切实增强网络思想文化的吸引力和感染力，使校园网络、网上互动社区等成为传播正能量的坚强阵地。

（二）强化课堂教学纪律

课堂教学是开展理论教育、实现人才培养目标的主阵地和基本途径，严明的课堂教学纪律是顺利进行课堂教学活动的基本保障，是坚持社会主义办学方向、实现立德树人根本任务的内在要求，也是牢牢把握高校意识形态话语权的关键。因此，必须明确教师课堂的教学规范，夯实教师教书育人的责任。思政课教师要充分发挥思政课的主渠道和主阵地作用，其他教师在教育教学中也应积极开发学科课程蕴含的德育资源与功能，充分挖掘各门课程的思政元素，用丰富多彩的教学方式不断提升课堂教学魅力，做知识和美德的传播者。

（三）落实意识形态工作责任制

进一步增强政治意识、大局意识、核心意识、看齐意识，加强对校报、校园网、广播站、宣传栏、电子屏等宣传载体和讲座论坛、读书会、学术沙龙、学生社团等的管理，使宣传思想阵地始终坚持正确政治方向、站稳政治立场，成为坚定理想信念、营造良好氛围、凝聚师生共识的主阵地。同时，建立舆情研判机制，加强对意识形态领域情况的分析研判，旗帜鲜明、理直气壮、有针对性地进行正面引导。

（四）不断壮大主流思想舆论

深入学习宣传贯彻习近平总书记在党的新闻舆论工作座谈会和全国宣传思想工作等会议上的重要讲话精神，始终把职责和使命印刻在心、落实在行。坚持团结稳定鼓劲、正面宣传为主，激发团结奋进的强大力量。深化对马克思主义中国化最新成果的理论阐释和宣传教育，组织开展理论宣讲、人文大讲堂等活动，进一步坚定理论自信、理论自觉、理论定力。始终坚持正确的舆论导向，增强主动性、掌握主动权、打好主动仗，积极做好重大决策、热点问题等的深度解读与阐释，加强形势宣传、成就宣传、典型宣传、主题宣传等，讲好中国故事，学好身边典型，持续弘扬主旋律、传播正能量，为高校改革发展提供有力的舆论支持。

第三节　高校思想政治工作队伍新媒体形象与社会主义核心价值观

随着网络信息技术的突飞猛进，以网络技术、数字技术、移动通信技术为依托的计算机网络信息技术迅速发展，网络化生活已成为当代大学生的常态。现在高校学生大多是“95后”“00后”，是成长在网络时代的一代，青年学生喜欢“说网话、办网事、过网日”，而且高校思想政治工作中的许多新情况新问题新任务，在很大程度上也都因“网”而生、因“网”而兴、因“网”而增。由于青年处在价值观形成和确立的关键时期，青年的价值取向很大程度上决定了未来整个社会的价值取向，因此抓好这一时期的价值观养成十分重要。这就像穿衣服扣扣子一样，如果第一粒扣子扣错了，剩余的扣子都会扣错。人生的扣子从一开始就要扣好，高校思想政治工作队伍必须顺应青年学生“无人不网、无日不网、无处不网”的新形势，塑造新形象，以更好地引领学生、教育学生从点滴做起，帮助学生将社会主义核心价值观内化于心，外化于行，使其成为自己各方面行动的基本遵循，并身体力行将其推广到全社会去。

一、高校思想政治工作队伍新媒体形象

（一）新媒体的含义

新媒体是20世纪后期伴随数字技术的迅猛发展，在新的技术支撑体系下出现的媒体形态，如数字杂志、数字报纸、数字广播、手机短信、移动电视、网络、桌面视窗、数字电视、数字电影、触摸媒体等。相对于报刊、户外、广播、电视等传统意义上的媒体，新媒体被形象地称为“第五媒体”。新媒体是一种信息量大、传播速度快和传播方式多样的媒体形式，具有传播要素多元化、传输通道数字化和传输过程互动化等特点，满足了

人们随时随地互动性表达、交流、娱乐和信息需要。随着新媒体在人们生活中的不断深入，人们使用新媒体的目的性和选择的主动性也越来越强，媒体使用与内容选择也更具个性化。

（二）高校思想政治工作队伍新媒体形象提出的依据

高校思想政治工作队伍素养的高低直接关系到高校思想政治工作方针和政策能否顺利进行以及思想政治教育目的能否有效实现。在具体的教育、教学和管理工作中，思想政治工作队伍与大学生有着广泛和密切的交往接触。对于学生而言，思想政治工作队伍的工作态度、作风、言行举止、情绪感情、修养和境界等都以镜像的形式外化出来。高校思想政治工作队伍的个人形象对大学生的成长成才有着潜移默化的影响，培养和塑造高校思想政治工作队伍的良好形象，是高校思想政治工作的重要内容。但高校思想政治工作队伍的形象不是凭空产生的，它形成于队伍的具体实践中，以不同时期职业角色为依据，以不同时期队伍主体素质为支撑，同时兼具不同历史时期队伍形象的部分特征。正因为高校思想政治工作队伍形象形成于具体历史实践环境中，所以对这支队伍形象的研究就不能停滞，必须不断向前推进，以适应社会环境发展。在新的历史条件下，随着信息科技的不断深化，迅猛发展的新媒体技术已经成为人们生活中不可或缺的一部分，正在改变着人们的生存状态、生活方式和价值观念。可以说，作为一种新兴的传媒技术，新媒体已成为当代大学生获取知识、信息和表达思想、交流情感的重要渠道，而且随着以网络和手机为主要媒介的新媒体技术在高校思想政治工作中的广泛应用，高校思想政治工作队伍与学生直接面对面的传统“在场”形象逐渐在网络、手机中以文字、表情等符号、图片、动画、音像、视频诸要素构成的“非在场”形象出现，在这里我们称之为新媒体形象。因此，把握新的时代背景和实践环境，科学塑造高校思想政治工作队伍新媒体形象是时代发展的需要，也是使社会主义核心价值观的影响真正发挥作用的必然要求。

（三）高校思想政治工作队伍新媒体形象的含义

形象是人的本质在其对象化过程中的镜像化表现，同时也是主体的内在诉求和环境的外在要求的有机统一。马克思曾指出：“人的本质并不是单个人所固有的抽象物。在其现实性上，它是一切社会关系的总和。”高校思想政治工作队伍个体作为社会中的一员，除了作为“人”的界本质外，更主要的是与其他人相区分的类本质，即思想政治工作队伍的社会本质。高校思想政治工作队伍作为具有特殊性的群体，其特殊性体现在其独特的专业技术属性和行为属性，他们不仅是大学生思想政治教育的管理者，更是教育者和引导者，他们的形象对于大学生的成长和发展具有外在的示范性与内在的感染性。因此在大学阶段，高校思想政治工作队伍的形象对于不断成长和发展的大学生群体来说是至关重要的。特别是在新媒体技术不断发展的今天，新媒体以其鲜明的交互性、平等性和即时性改变着人们的思想观念和生活方式。可以说，大学生群体对新媒体环境的高度融入要求思想政治工作队伍形象应该树立一个更高的标准。从传统意义上来讲，思想政治工作队伍的形象是指在职业道德、专业训练、文化素养、精神风貌、言谈举止、服务态度和装束仪表等方面的总体素质以及外在表现，是内在素质和外在素质的综合表现。目前，学术界对于思想政治工作队伍新媒体形象没有一个完整的定义，值得我们深入探索。通过上面的叙述我们了解到，在新媒体环境下，高校思想政治工作队伍的形象得到极大的延伸，包含了新媒体诸多要素，具备一定的信息素养。因此，我们可以这样下一个定义：高校思想政治工作队伍新媒体形象是指社会大众对高校思想政治工作队伍整合创造传递新媒体信息、灵活运用新媒体技术水平的整体印象和总体评价，并以自身的信息感染力对他人产生影响，从而在受众者心中形成的一种新媒体形象，并且这种新媒体形象能够不断适应新媒体背景下社会关系所发生的变化，符合思想政治工作队伍职业发展和自身职业的需要。

二、高校思想政治工作队伍新媒体形象特征

高校思想政治工作队伍新媒体形象是思想政治工作队伍通过文字、表情等符号、图片、动画、音像、视频等要素展示出来的形象，并对受众者思想、心理和情感产生一定的影响。相较传统形象而言，高校思想政治工作队伍新媒体形象呈现出一些新的特点。具体表现在以下几个方面。

一是超时空性。高校思想政治工作队伍传统形象是主客体间相互关系及作用评价，这种主客体交流活动发生于客观的现实环境中，主要通过开会或“面对面”交流等“在场”环境展示出来的一种印象。在新媒体环境下，形成了一个虚拟世界，由于信息生产力的存在状态和外在表现是无形的，它以知识、信息、消息、图像、文字作为自己的展示方式，以场的状态而弥漫在空间。较时空同一的传统形象，高校思想政治工作队伍之间，及与受众者之间交流平台是在“缺场”和时空分离的状态下完成的，因此思想政治工作队伍新媒体形象的展示平台得到极大丰富，不受时间和空间限制，超越了原有的时空界限。

二是中介性。高校思想政治工作队伍新媒体形象是在信息传播下通过介质展示出来的，是一种间接形象，源于新媒介要素的展示。由于新媒介要素的展示是通过传播手段表现出来的，所以高校思想政治工作队伍新媒体形象是一种形象的媒介转移，通过文字、表情等符号、图片、动画、音像、视频诸要素展示给受众者。因此，这支队伍的新媒体形象都是要素的间接展示，具有中介性特点。同时，由于信息中介在传播过程中会出现信息量衰竭，所以高校思想政治工作队伍在传播媒介中所展示出来的新媒体形象容易出现变形，而直接、全面和丰富的形象只有通过“在场”形象才能展示出来。

三是延时性。高校思想政治工作队伍的传统形象是通过“面对面”展示出来的，形象的“在场”能即时、生动地展示工作人员的个性、性格、气质、表情和语气等。而新媒体形象则是以传播手段为载体，以声音、符号或表情等要素为内容而展示出来的形象。一方面，形象某些要素的编辑

和展示是思想政治工作队伍与受众者之间情感交流的凝练；另一方面，形象要素的编辑、传播、展示和感知有时间的延迟和滞后。

四是单一性。高校思想政治工作队伍新媒体形象是通过声音、符号、微信、邮件和表情等要素展示出来的一种形象，虽然这种新媒体形象展示方式具有即时性和迅疾性特点，且在单位时间内与受众者之间实现更多的互动交流，但思想政治工作队伍新媒体形象的呈现方式是单一的，仅能依靠新媒体展示要素呈现出来。由于新媒体展示要素本身具有局限性和片面性，因此较传统形象而言，新媒体所展示出来的形象是间接的，具有单一性特点，完全赶不上思想政治工作队伍与受众者之间“面对面”形象交流的丰富性和完美性要求。

五是隐蔽性。在新媒体环境中，思想政治工作者与受众者之间的交流活动发生于虚拟的网络世界，正是由于在虚拟的网络世界中，思想政治工作队伍形象的“缺场”使其具有虚拟性和不可控性，因此高校思想政治工作队伍新媒体形象具有隐蔽性特点。这种隐蔽性特点主要体现在思想政治工作者主动参与新媒体环境互动中。根据新媒体的技术特点，思想政治工作人员可以自由的选择节点登录方式和参与方式，既可以单纯地以“游客”身份浏览信息，不直接参与互动，也可以更改自己的自然属性，以虚拟身份参与到互动当中。

三、高校思想政治工作队伍新媒体形象塑造与社会主义核心价值观的传播

2016年2月19日，习近平总书记在党的新闻舆论工作座谈会上强调：“我们过不了互联网这一关，就过不了长期执政这一关。”同样，高校思想政治工作队伍过不了网络这一关，新时期大学生思想政治教育工作效果就难以得到保障，可以说加强高校网络思想政治工作是时代发展的必然要求。在这里，我们主要从高校思想政治工作队伍新媒体形象视角来探索如何教育和引导大学生践行社会主义核心价值观。由于高校思想政治工作队伍新媒体形象主要依托于新媒体信息技术的广泛传播和迅速发展，是社会

经济和科技水平发展到一定阶段的产物。因此，在新媒体环境下，高校思想政治工作队伍形象应有别于传统思想政治工作主客体间“面对面”形象，而应该是一种符合新媒体发展要求的新形象。

（一）高校思想政治工作队伍新媒体形象塑造目标

在新媒体环境下，高校思想政治工作队伍不仅是信息的直接受众者，更是信息的传播者，要想通过新媒体技术扩大大学生思想政治教育的实施范围，拓展高校思想政治教育新渠道，必须深入把握新媒体传播特点，努力塑造良好的新媒体形象目标。

1.信息道德形象

高校思想政治工作队伍新媒体形象塑造必须以思想政治工作队伍职业道德素质为依据，通过新媒体正确地选择自己的信息行为，不危害社会或他人的合法权益，不向学生传递不良信息，时刻注意自身的新媒体道德形象，使自己的信息行为时刻符合信息社会基本的价值规范和道德准则，通过自身信息道德素质对大学生的信息行为进行示范和教育，培养他们良好的信息道德意识、品质和行为，让诚实守信、敬业友善等信念内化于心，外化于行。

2.“良师益友”形象

高校思想政治工作队伍新媒体形象塑造必须充分利用和发挥新媒体技术优势，不能仅把新媒体作为简单的信息认知和行动性指令工具，而应是通过新媒体某些形象要素展示出来的一种亲和力，使受众者在平等、指导、启发和引领中得到交流，最终塑造和发挥可亲、可信、可敬的“良师益友”形象。只有这样才能保证党的教育方针政策和社会主义核心价值观理念在网络思想政治教育工作中落地生根，而不流于简单的形式传达。

（二）高校思想政治工作队伍新媒体形象塑造

由于高校思想政治工作队伍新媒体形象展示只能通过语音、键盘、相关的中英文输入法软件以及少量的图片或视频软件表现出来，因此在这里我们主要从语言形象、符号形象、流淌声像和视频音像四个层面来探讨思想政治工作队伍新媒体形象的塑造。

1. 语言形象

如果将互联网视为一种虚拟化的信息交流社会，那么网络语言就是随着这一虚拟社会的发展而逐渐生成的一套信息符号，满足着网络交流双方的信息交流需要。随着新媒体技术的广泛推广，网络语言作为一种新的语言形态已渐渐走进人们的视野，并渗透人们日常生活的方方面面。可以说，网络语言交流是区别于面对面“在场”形象交流和传统书信交流的，它没有“在场”形象的直抒其意，也没有书信往来的斟词酌句，而是一种即时的输入与回复的模式。正是在这种模式推动下，诞生了以提高速度和简洁度为主要目的的网络语言。作为走在时代前沿的大学生来讲，网络语言交流具有时尚、简洁、幽默而富有个性化的特点。因此，高校思想政治工作者要想迎合时代发展需要，展示交流的贴近性和“无代沟”感，必须提高语言文字能力，熟悉并运用网络时尚语言与网络自创语言，通过语言能力的凝练与提升，塑造出简洁、准确、时尚、生动、有个性、呆板套话少、人情味浓和亲和力强的语言形象，以更好地引领大学生明辨是非、对错、善恶、美丑的能力，更好地把主流价值观刻在心底，真正拥有“得其大者兼其小”的胸怀，从点滴做起，奉献人民、服务社会，为实现富强民主文明和谐美丽的社会主义现代化强国奉献青春。

2. 符号形象

符号是代表某种事物或表达某种意义的标记或记号，以视觉、声音或者触觉方式来传递。语言是一种符号，语言形象在上面已经陈述，在这里主要阐述表情和图片等符号形象。我们知道思想政治工作队伍传统“在场”形象是外在的和有形的，能够生动地展示出他们的个性、性格、气质、表情和语气等，且口头语言、文字以及书面结合的形象具有简洁、生动和形象等特点，但一般“在场”形象的严肃性使受众者的紧张程度与尴尬程度增强，容易使受众者出现含而不露的表现。而思想政治工作队伍新媒体形象展示出来的形象是超时空的，这种形象的“缺场”隐藏了思想政治工作者形象的本质，避免了在场的紧张与尴尬，使受众处于一种放松和无压力状态。因此，在虚拟世界交流中，如果思想政治工作者能够熟悉新媒体技术手段，借助其他清晰、准确、生动、时尚、活泼、亲情和可爱的表情或图片符号代表它，这样不但可以扬长避短，拉近思想政治工作者与受众者之间的情感，而且能极大丰富思想政治工作者的综合形象，弥补了其严肃的一面。“感人心者，莫先乎情”。思想政治工作队伍可亲可敬的符号形象更能展示出这种队伍的亲和力，最终实现大学生思想政治教育润物细无声的效果。

3.流淌声像

高校思想政治工作队伍在大学生思想政治教育管理工作中，其形象不应该是表情严厉的警察和生硬的管理者，其工作不应该是工作内容的简单布置或发布指令性的要求。在新媒体技术下，思想政治工作者的教育管理完全可以上升到更高的艺术层次，利用新媒介的流淌声像，迎合大学生更高的品位追求，如通过动画、沙画和音乐等下载或制作展示，让学生感受到自然音乐和天籁声音等流淌声像的魅力，能对大学生的人生观、爱情观和价值观产生深层次的熏陶和潜移默化的影响，这是思想政治工作者传统形象所无法展示的。然而，流淌声像的制作是有一定技术含量的，需要思想政治工作者熟悉运用各种平台软件和新媒体技术手段，才能实现流淌声像的更好展示。

4.视频音像

视频音像是指思想政治工作者通过自己拍摄或对电影、电视、新闻等的视频剪辑，以声音、视频信息传播为目的而展示出来的一种形象，这种形象是视觉感受和情感体验的有机结合。由于不同的视频音像会对大学生产生不同的视觉观察和情感体验，而不同的视觉观察和情感体验，会产生不同的审美感受，进而在世界观、人生观和价值观上会产生不同的影响。因此，高校思想政治工作者要想充分发挥和应用视频音像在大学生价值观和情感引导中的作用，必须紧跟时代的步伐，激发创作的灵感，以超前的思维和全新的技术手段积极适应新媒体发展需要，制作或剪辑既符合规律性，又符合目的性的视频音像，实现超越一般效果的思想和心理教育。

总之，在新媒体环境下，高校思想政治工作队伍传统形象已无法满足新媒体时代主客体之间互动与发展的本质需要，高校思想政治工作队伍应不断适应环境并把握规律，努力构建符合这支队伍发展需要及本质外化需求的新媒体形象。同时，由于任何媒介的信息传播都具有自身的局限性，所展示出来的形象是支离破碎和不完整的，所以在深层次的情感交流和价值观的引导上，高校思想政治工作队伍传统形象仍旧拥有新媒体形象所无法替代的效果。因此，在思想政治工作具体教育和管理工作中，只有努力将传统的有限的“在场”形象和“非在场”却无时无处不在的新媒体形象结合起来，实现两种形象的优势互补，发挥可亲、可信、可敬的良师益友形象，才能实现对大学生积极健康的思想影响和行为引导，才能让大学生在点滴生活学习中践行社会主义核心价值观。

第三章　高校思想政治工作队伍建设研究

2016年12月7日至8日，全国高校思想政治工作会议在北京召开，习近平总书记出席会议并发表重要讲话，对加强和改进新形势下高校思想政治工作提出明确要求，作出重大部署。同时，中共中央、国务院印发了《关于加强和改进新形势下高校思想政治工作的意见》，就加强和改进新形势下高校思想政治工作的总体要求、工作重点进行了部署和安排。2017年12月，教育部印发《高校思想政治工作质量提升工程实施纲要》，提出要切实构建“十大育人”体系，大力提升高校思想政治工作质量。打铁还需自身硬，加强新时代高校思想政治工作，必须从队伍建设入手，打造过硬的高校思想政治工作队伍，更好地引领大学生的人生航向。

第一节　高校思想政治工作队伍的思维创新

随着时代的不断发展变化，人们思想多元多变的趋势日益明显。时代的变迁和生活方式的变更迫切需要人类思维方式的转变，以适应时代发展的需要。恩格斯曾经指出：“每一个时代的理论思维，从而我们时代的理论思维，都是一种历史的产物，它在不同的时代具有完全不同的形式，同时具有完全不同的内容。”①新形势下，思想政治工作面对许多新问题、新情况和新任务，高校思想政治工作队伍只有创新思维方式，以科学思维引领工作发展，才能更好地推进思想政治工作的理论创新和实践创新。

① 马克思恩格斯选集：第四卷[M].北京：人民出版社，1995：284.

一、坚持创新思维，摒弃思维定势

创新是一个民族进步的灵魂，是一个国家兴旺发达的不竭动力，也是中华民族最深沉的民族禀赋。在激烈的国际竞争中，惟创新者进，惟创新者强，惟创新者胜。创新思维，是指因时制宜、知难而进、开拓创新的科学思维。明者因时而变，知者随事而制。生活从不眷顾因循守旧、满足现状者，必须保持锐意进取的精神风貌，做到人尽其才、才尽其用、用有所成。如果仅凭经验翻老黄历，就可能陷入战略被动。思想政治工作更是如此，做好高校思想政治工作，必须因事而化、因时而进、因势而新。当前高校的思想政治工作客观环境、育人对象、教育方式等发生了巨大变化，不打破经验主义和传统思维的束缚，思想政治工作就无从创新。

第一，转变思维方式。思想政治工作队伍的思维方式，是人类思维方式在思想政治工作领域中的运用和反映，它是一个复杂的系统工程。由于“思想政治工作从根本上说是做人的工作，必须围绕学生、关照学生、服务学生，不断提高学生思想水平、政治觉悟、道德品质、文化素养，让学生成为德才兼备、全面发展的人才”①，因此，思想政治工作队伍必须坚持“三贴近”原则，紧跟时代发展步伐，通过创新方式方法将简单的动员方式、命令方式向形式多样、寓教于乐的方式转变。把思想政治工作巧妙地、灵活地融入教育教学和各种实践活动中，使枯燥的说教变得充满趣味，增强说服力和感染力。

第二，破除思维定势。思维定势是人们在思维活动中无意识形成的相对稳定的思维倾向和思维所呈现的准备状态。受思维定势的影响，人们往往会有一种按老套路思考、循老经验办事的思想、心理和行为倾向。对于高校思想政治工作者来说，思维定势具有二重性。一方面，有利于思想政治工作的连续性和稳定性，能够很好地继承传统工作优势。另一方面，它能够使思想政治工作队伍形成“惯性思维”和“路径依赖”，不利于解决工作中出现的新情况和新问题。随着信息化技术全面深入发展，高校思想

① 习近平.在全国高校思想政治工作会议上的讲话[N].人民日报，2016-12-09(01).

政治工作面临许多挑战，高校思想政治工作队伍必须在传承思想政治工作好的经验和做法的基础上，做到守正与创新。正如习近平总书记所指出的，要运用新媒体新技术使工作活起来，推动思想政治工作传统优势同信息技术高度融合，增强时代感和吸引力。为此，必须冲破传统定势、经验定势、权威定势、本本定势、从众定势和非理性定势，努力想新办法、找新路径、创造新经验，从而开创思想政治工作新局面。

二、坚持底线思维，保持高线追求

党的十八大以来，习近平总书记多次强调，要坚持底线思维，不回避矛盾，不掩盖问题，凡事从坏处准备，努力争取最好的结果，做到有备无患、遇事不慌，牢牢把握主动权。底线思维是以底线为导向的一种思维方法和心态，要求不回避矛盾，不掩盖问题，客观分析每个可能出现的问题，并妥善解决问题。底线思维绝不是一种消极、被动、防范的思维，不是守住底线而无所作为，而是一种“有守”和“有为”的有机统一，它要求从底线出发，立足最低点，保持高线追求，步步为营、稳扎稳打，实现战略利益最大化。将底线思维应用于高校思想政治工作全过程，既是高校思想政治工作队伍坚持正确政治导向的必然要求，也是高校思想政治工作面临新挑战的形势使然，更是提升高校思想政治工作针对性和实效性的有力支撑。

第一，坚持政治底线。我国高等教育肩负着培养德智体美劳全面发展的社会主义建设者和接班人的重大任务，必须坚持正确政治方向。思想政治工作是党的工作的重要组成部分和其他工作的有力保证，而意识形态工作是一项极端重要的工作，关乎旗帜、关乎道路、关乎国家政治安全，二者有机统一于党的建设的伟大工程。因此，高校思想政治工作队伍责任重大、使命光荣、任务艰巨，必须深化思想共识，加强政治意识，提高政治站位，能在“乱花渐欲迷人眼”的各种思潮涌动中充满定力，筑牢思想防线，守住政治底线，牢牢把握意识形态工作主动权。

第二，坚持道德底线。道德底线是人们应该遵循的社会公德的最低警戒线。“师者，所以传道授业解惑也。”习近平总书记强调，“教师是人类灵魂的工程师，承担着神圣使命。传道者自己首先要明道、信道。高校教师要坚持教育者先受教育，努力成为先进思想文化的传播者、党执政的坚定支持者，更好担起学生健康成长指导者和引路人的责任。要加强师德师风建设，坚持教书和育人相统一，坚持言传和身教相统一，坚持潜心问道和关注社会相统一，坚持学术自由和学术规范相统一，引导广大教师以德立身、以德立学、以德施教。”①作为学生的思想导师、人生导师，高校思想政治工作队伍应该“既是学问之师，又是品行之师”。不仅要有工作上的影响力，更要有人格的感召力。坚守道德底线是高校思想政治教育工作队伍“事业有成”的根本，是“大有作为”的遵循，是影响学生成长的“好教材”。因此，高校思想政治工作队伍要切实做到既坚守底线伦理，更追求高尚道德，真正把立德树人作为安身立命之本。

第三，坚持法律底线。“法治兴则国家兴，法治衰则国家乱”。法治是治国理政的基本方式，是人民幸福安康的重要保障。习近平总书记指出，各级领导干部都要牢记，任何人都没有法律之外的绝对权力，任何人行使权力都必须为人民服务、对人民负责并自觉接受人民监督。高校法治教育是国家全面推进依法治国的重要组成部分。因此，高校思想政治工作队伍必须牢记法律红线不可逾越、法律底线不可触碰，提高法制意识，学法守法用法，把依法办学、依法治校作为工作的生命线。

三、坚持中介思维，凝聚工作力量

“中介”首先是一个哲学范畴，主要包含辩证思维的理念。在黑格尔哲学中，中介概念是黑格尔辩证法的合理内核之一，它表示的是从“绝对理念”过渡到对方的桥梁，是事物彼此联系的桥梁和中间环节。在马克思主义哲学产生过程中，批判吸收黑格尔辩证法合理内核，对中介概念作了新的论证，并赋予它科学的意义。马克思主义认为万事万物之间关系不是独立的，它主要是“通过中介连接对立”，并上升为认识世界和改造世界的

① 习近平.在全国高校思想政治工作会议上的讲话[N].人民日报，2016-12-09(01).

思维方式和方法论。可以说，“中介”观点是马克思主义唯物辩证法的重要内容，是连接逻辑始项与逻辑终项的中项，是充分认识和了解马克思主义普遍联系、系统整体和矛盾转化等观点的重要基础。而中介思维则是指人们通过中介范畴所揭示的具有一定逻辑次序的辩证思维[①]。从中介思维出发，深刻了解事物之间的“中介联系”，是人们正确认识世界和更好改造世界的前提。恩格斯指出：“一个伟大的基本思想，即认为世界不是一成不变的事物的集合体，而是过程的集合体”。中介的存在，不仅连成了对立面之间的亦此亦彼的环节，并且使对立面互为中介。因此，要想真正的深化认识，了解事物之间的本质联系，就必须了解和弄清它的方方面面，以及一切联系的“桥梁”或“中介”。开展高校思想政治工作队伍中介思维研究是推进新时代高校健康发展的迫切需要和现实需求。随着经济市场化、信息网络化的深入发展给当代大学生精神世界、生活方式、学习方式和思维方式带来了不小的冲击，传统的思想政治工作理念、方式和方法受到前所未有的冲击与挑战。高校思想政治工作出现“两难局面”：一方面高校思想政治工作越来越受到国家、社会、教育主管部门和高校的重视；思想政治理论课建设加大力度，学校思想政治活动内容丰富、形式多样，思想教育与实践活动深入到大学生学习和生活的各个方面，校园文化建设持续加强，不断推陈出新。另一方面，高校思想政治工作的效果没有完全达到预期。因此，针对新形势下当代大学生出现的新情况、新矛盾和新问题，必须利用现代思维方式去建构高校思想政治工作新模式。目前高校思想政治工作队伍主要包括高校党政干部和共青团干部、思想政治理论课教师和哲学社会科学课教师、辅导员和班主任、心理健康教育教师和学生骨干等，这支队伍是开展高校思想政治工作的骨干力量。创新高校思想政治工作队伍思维方式，开展中介思维研究是做好做实思想政治工作的基础。在传统思维模式上，高校思想政治工作队伍在教育和管理工作中采取的往往是试图控制对方（受教育者）的“决定思维模式”，在与受教育者之间相互沟通交流中往往去争夺一种“话语霸权”，致使高校思想政治工作队伍在教育与管理工作中与受教育者之间往往存在一种略为紧张的关

① 王家忠．中介、中介思维与中介科学[J]．东岳论丛，2001(3)：86-89.

系。因此树立中介思维，可以在充分发挥教育者与受教育者主体地位的同时，使两者保持合理张力。可以说，高校思想政治工作队伍中介思维是高校思想政治工作队伍通过中介范畴在协调建构教育主体与教育客体之间关系的过程中所揭示的具有一定逻辑次序的辩证思维。这种中介思维实质上是一种“关系思维”，是对“两极思维”和“还原思维”的超越，既不是单纯地从盲目应付工作任务出发，也不是孤立地从教育管理队伍和学生群体出发，而是从两者的关系和内在联系出发，最大限度地发挥教育理论与教育实践的作用，优化教育理论与教育实践的内在联系，充分利用“在场”与“不在场”教育管理方式，在相互“对话”和相互沟通中保持“必要合理张力”，以适应新时代发展要求，不断提高高校思想政治工作的针对性和实效性。作为一种“辩证思维”和“关系思维”，中介思维要求高校思想政治工作队伍必须具备关联性与阶段性统一、层次性与交互性统一、承载性与传输性统一、运动性与发展性统一的特征。在运用中介思维过程中，通过加强组织中介建设、深化内容中介内涵、创新载体中介方式和优化关系中介存在，把高校思想政治工作做新做活做实。

四、坚持辩证思维，增强工作本领

辩证思维是反映和符合客观事物辩证发展过程及其规律性的思维，它是客观辩证法在人们头脑中的反映，辩证思维的特点是从对象的内在矛盾的运动变化中，从其各个方面的相互联系中进行考察，以便从整体上、本质上完整地认识对象。因此，辩证思维是科学、完善的思维形式，既不同于那种将对象看作静止的、孤立的形而上学思维，也不同于那种把思维形式看作是既成的、确定的形式逻辑思维。

习近平总书记曾经指出，要学习掌握唯物辩证法的根本方法，不断增强辩证思维能力，提高驾驭复杂局面、处理复杂问题的本领。我们的事业越是向纵深发展，就越要不断增强辩证思维能力。当前，我国社会各种利益关系十分复杂，这就要求我们要善于处理局部和全局、当前和长远、重点和非重点的关系，在权衡利弊中趋利避害，作出最为有利的战略抉择。

全面深化改革，要突出改革的系统性、整体性、协同性，使改革成果更多更公平地惠及全体人民。要反对形而上学的思想方法，看形势做工作不能盲人摸象、坐井观天、揠苗助长、削足适履、画蛇添足。要加强调查研究，坚持发展地而不是静止地、全面地而不是片面地、系统地而不是零散地、普遍联系地而不是单一孤立地观察事物，准确把握客观实际，真正掌握规律，妥善处理各种重大关系。”[①]思想政治工作是一项系统工程，也是我们党一项常抓不懈、常抓常新的工作。因此，在具体工作中，需要用客观的而不是主观的、全面的而不是片面的、系统的而不是孤立的、发展的而不是静止的辩证思维去分析问题，解决问题，辩证处理影响思想政治工作成效的各种因素之间的关系。如果忽略了普遍联系、对立统一和质量互变等思维规律，看不到新时代高校思想工作中存在的突出问题、矛盾的变化、联系和发展，而是孤立地、静止地、片面地看问题，那么对高校思想政治工作的认识、内容、方法等都跳不出循规蹈矩、因循守旧的状态，在实践中也就产生了片面性，导致工作出现失误或实效性不高。

第一，用全面的观点看问题。高校思想政治工作队伍要充分了解和把握工作中各个矛盾和矛盾的各个方面，解决好为谁培养人、培养什么样的人、怎样培养人的问题，在培养目标上要处理好德智体美劳五者之间的关系，在工作方法上要注重继承与革新，守正与创新之间的关系，在教育原则上要解决好显性教育和隐性教育之间的关系，充分发挥网络微课堂、教室小课堂、校园中课堂和社会大课堂的作用。

第二，用联系的观点看问题。高校思想政治工作不是孤立的，而是一个系统工程。因此，做好高校思想政治工作要处理好多方面关系。在纵向关系方面，从微观视角来看，大学生在成长过程中，思想和心理发展变化存在着一定规律，如果高校思想政治工作队伍能够全面把握大学生的成长规律和思想变化规律，就能在工作中做到有的放矢。随着时间的推移，中华人民共和国成立以后高校思想政治工作不断总结经验和教训，各个阶段之间存在着承先启后的关系，高校思想政治工作队伍只有深入研究这种关系，才能更好地继承传统优势，开创新局面。在横向关系方面，从微观视

① 习近平. 在中共中央政治局第二十次集体学习时的讲话[N]. 人民日报，2015-01-25(01).

角来看，要把思想政治工作贯穿教育教学全过程，实现全程育人、全方位育人，形成了多维育人的格局，包括教书育人、科研育人、管理育人、服务育人、心理育人、文化育人、实践育人、网络育人、组织育人、自我育人，实现各门课程和各个部门守好一段渠，种好责任田；在横向关系方面，一方面，高校思想政治工作要处理好与西方敌对势力的关系，西方敌对势力始终没有改变实现西化、分化我国的政治图谋，高校思想政治工作队伍在教育教学过程中，要提高政治站位，强化学理阐释；另一方面，高校思想政治工作要处理好学校教育与家庭教育和社会教育之间的关系，做到协同联动、密切配合，实现协同育人目标。

第二节　高校思想政治工作队伍素质能力提升

2018年9月10日，在全国教育大会上，习近平总书记明确指出："思想政治工作是学校各项工作的生命线，各级党委、各级教育主管部门、学校党组织都必须紧紧抓在手上。要精心培养和组织一支会做思想政治工作的政工队伍，把思想政治工作做在日常、做到个人。"思想政治工作从根本上说是做人的工作，面对的工作对象是人。人是思想政治工作的起点，也是思想政治工作的基础和载体，在整个思想政治工作系统中始终处于核心要素和中心线索。因此，在高校做好新时代思想政治工作，必须以生为本，围绕学生的思想和行为，关照学生的需要和诉求，服务学生的成长和发展，着力培养德智体美劳全面发展的社会主义建设者和接班人，这也是国家对新时代高等教育所要培养的人的质量和规格的总要求，即"培养成什么样的人"的问题。而关于高校思想政治工作"怎样培养人"的问题，习近平总书记作了深刻阐述，其中涉及了一个非常重要的问题，就是高校思想政治工作队伍建设问题。因为这支队伍是大学生思想政治工作的承担者、发动者、组织者和实施者，其专业化和职业化水平直接决定了新时代大学生思想政治工作能否做新、做活、做实。

一、高校思想政治工作队伍的角色定位

人是思想政治工作系统的外部存在，当人进入思想政治工作系统就成了思想政治工作系统中特定意义的要素。在高校，这种特定意义上的要素主要是指教师、学生或其他教育工作者、学校相关管理人员。我们这里探讨的高校思想政治工作队伍群体，主要是指被规定或担任相应思想政治工作角色，且具体承担了相应思想政治工作的人。他们不仅具备思想政治工作意识，而且能够发挥思想政治工作主体的能动性。国家对这一群体进行了明确界定，主要包括高校党政干部和共青团干部、思想政治理论课教师和哲学社会科学课教师、辅导员班主任和心理咨询教师等。由于高校思想政治工作具有动态性，高校思想政治工作队伍不仅需要具有思想政治工作主观能动性，尤其要具备责任能力和岗位胜任力，且实际地承担了思想政治工作角色，并在自己的岗位上着实开展了有序有效的工作。可以说，一个称职的非名义上的新时代思想政治工作者应该是能够立足新时代，深刻把握党中央对思想政治工作岗位的新要求，具备一定的职业精神和专业能力，在实际工作中履职尽责和拥有实际担当，且能够明确个人在该岗位上的发展方向。

二、新时代高校思想政治工作队伍应具备的基本特征

（一）政治性与时代性统一

就社会关系的性质而言，思想政治工作是一种有别于其他社会工作的社会实践活动，这种区别主要表现在它的政治性。政治性是思想政治工作的本质特征，也是中国共产党长期在革命、建设实践中形成的优良传统和政治优势。高校思想政治工作中的政治性，主要是指教育内容的政治性和教育者与受教育者在言行中的政治立场。由于不同的社会制度决定不同的教育性质和发展方向，因此新时代高校思想政治工作队伍应该扎根中国大

地，把“政治性”注入工作之中，明确政治方向，着力培养党和国家的后备力量。因此，“办好我们的高校，必须坚持以马克思主义为指导，全面贯彻党的教育方针。”[①]在坚持政治性的同时，思想政治工作队伍应充分理解和掌握工作的时代性特征。马克思曾经指出：“人们自己创造自己的历史，但是他们并不是随心所欲地创造，并不是在他们自己选定的条件下创造，而是在直接碰到的、既定的、从过去承继下来的条件下创造。”[②]也就是说，在特定的时期和不同的时代，思想政治工作的内容和形式是随着时代的变迁和环境的改变而不断丰富和发展的。因此，高校思想政治工作队伍要在继承传统思想政治工作的基础上，始终把握时代脉搏，紧扣时代特点，回答时代之问，只有这样才能深入把握高校思想政治工作的时代内涵，更好地推进思想政治工作时代化，实现立德树人根本任务。

（二）专业性与职业性统一

思想政治工作是一门以马克思主义理论为基础，实践性和操作性都比较强的科学。思想政治工作队伍要想胜任该工作，必须具备特定的专业知识与专业技能。一般来说，在高校，每个专职教师都经过严格选拔才得以聘用，他们拥有自己的专业和学科支撑，且具有无法替代特征，没有哪一个教师能够包揽整个专业所有领域的教学与研究。虽然思想政治理论课教师、哲学社会科学课教师和心理咨询教师都经过了严格的选拔和专业分工，但作为主要负责德育和非智力因素教育的其他思想政治工作队伍群体在专业背景上存在很大差异性，这就要求思想政治工作队伍的首要任务是遵循和符合教师队伍专业化的一般规律，在思想政治工作专业思想、专业知识、专业技能和专业能力等方面不断发展和完善，由非专业向准专业再向专业化转变，真正拥有较强的组织管理能力和语言、文字表达能力、调查研究能力，以及开展思想理论教育和价值引领的能力。同时，高校思想政治工作者应按照党中央对这支队伍的职业规范和要求，在工作状态中充分体现思想政治工作者的职业道德、职业理想、职业纪律和职业态度等。

---

① 习近平.在全国高校思想政治工作会议上的讲话[N].人民日报，2016-12-09(01).

② 马克思恩格斯选集：第一卷[M].北京：人民出版社，1995：585.

（三）主导性与主动性统一

主导性问题是思想政治工作的核心问题，它主要是指思想政治工作坚持引导、选择的主要方向、方面和重点，并在个体发展和社会发展中发挥主导作用的特性。高校思想政治工作队伍坚持主导性原则主要体现在两个方面：一方面，坚持马克思主义指导地位并推进马克思主义中国化理论成果的创新与发展；另一方面，引导广大受教育者在成长成才过程中朝着主流价值观方向前行。思想政治工作队伍的主动性主要是指工作的“预见性”“前瞻性”和超前性，表现在思想政治工作者在受教育者思想问题产生之前，预测其发展态势，并通过采取有效的思想政治工作方式方法把思想问题消灭在萌芽状态或控制在可控范围内，即做到未雨绸缪，防患未然，把预防工作做在前面，避免成为闻警而动的“消防员”，即日常思想政治工作中，要么无事可干，要么处于应接不暇的盲目应付工作状态。同时还表现在思想政治工作者对受教育者的主动教育和价值引领方面。众所周知，在思想意识形态领域始终存在着谁来占领的问题，如果马克思主义不去占领，非马克思主义和反马克思主义必然去占领，如果正确的思想不去占领，错误的思潮必然去侵蚀。因此，在传播渠道多元化的背景下，高校思想政治工作队伍要主动关切受教育者热点、敏感点、兴奋点和难点问题，以科学、灵活的方式方法应对受教育者思想的变化，以达到更好地教育与引领目的。

（四）创新性与超越性统一

随着社会经济的快速发展，特别是信息化和网络化的深入推进，思想政治工作遇到了前所未有的挑战，传统的思想政治工作模式已经难以适应社会环境、对象需要和自身工作的需要。然而，现实中很多高校思想政治工作者在工作中仍然凭借经验主义或惯性思维开展工作，缺乏工作的创新性，致使工作的实际效果受到很大减损。在新时代要想增强思想政治工作的时代感和吸引力，高校思想政治工作者就必须顺应时代发展的要求，因事而化、因时而进、因势而新，摒弃一切陈旧过时的方式和方法，积极推动思想政治工作理念创新、内容创新、载体创新，善于运用新媒体新技术使工作活起来、实起来、好起来，推动思想政治工作传统优势同新媒体新技术高度融合。此外，由于德育的本质是一种超越，它往往是按照超越于现实的道德理想去塑造和培养人，促使人去追求理想的精神境界与行为方式，以此实现对现实的否定。思想政治工作者就应该坚持工作的超越性，这里谈的超越性主要是指思想政治工作者在现实思想政治工作能力、自我认知和思想政治状况调查研究的基础上，实现自我素质能力的超越和受教育者思想道德素质的超越。

三、高校思想政治工作队伍素质能力提升路径

（一）注重学科支撑，明确领域选择

高校思想政治工作的对象是青年学生，青年学生思想政治工作的多样性和多面性决定了这项工作的多元性，不仅融“教育、服务、管理、事务”于一身，而且其涵盖的知识广度和深度，也是任何一个专业教师难以企及的。这就决定了高校思想政治工作队伍的学科归宿必然是一个多学科互相支撑的发展体系，需要众多学科的知识、理论和方法来作为基础。可以说，只有用多学科的优势支撑思想政治工作的多样性，才能更好地适应多元化工作内容，全面提升我们各类工作的专业水平。众所周知，近几年马克思主义一级学科建立后，思想政治教育作为马克思主义理论一级学科所属的二级学科确立下来。思想政治工作已经实现了专业分工，那么对于专业背景不同的思想政治工作者，就应该经过重学、重组，重新确立自己的学科支撑体系，这里我们谈的主要是三个层面的学科，即核心学科、外围学科和对象学科。其中，核心学科主要是思想政治工作者必须要掌握的，主要包括思想政治教育学、心理学和教育学等，外围学科主要是指马克思主义哲学、管理学、历史学、社会学和法学等，而对象学科主要是指思想政治工作者在教育、管理和服务过程中，受教育者所开设的相关课程。只有注重学科依托，强化学科思维，夯实学科基础，才能够遵循思想

政治教育学科规律，掌握科学的育人方式和方法。否则，思想政治工作专业化和职业化发展就会成为空中楼阁，思想政治工作也只会陷入事务性、经验型、应付型和被动性的工作状态，教育、管理和服务也只能停留在低水平发展层面，甚至出现残缺不全现象。虽然高校思想政治工作需要多学科支撑，但思想政治工作者只能在一个或某些领域实现专业化，这就要求思想政治工作者要像专职教师一样，在专业发展道路上，根据个人专长，选择一个或某些领域，并对这一领域开展深入研究，以实现专攻。

（二）拓展基础理论，强化专项知识

思想政治工作者有了学科支撑和领域选择，接下来就要注意基础理论与专项知识之间的关系。首先，由于思想政治工作本身是一项经常性、多样性、复杂性和差异性的工作，思想政治工作者必须具有从事思想政治教育工作相关学科的宽口径知识储备，掌握思想政治教育相关专业基本原理、基础知识、实务知识，以及马克思主义中国化相关理论和法律法规知识等。可以说，思想政治工作者是以思想政治教育和相关学科为背景的职业，基础理论和基本工作技能是思想政治工作者专业发展的前提，因此思想政治工作者专业化和职业化发展必须以拓展基础知识、提升基本技能为目标，在“宽度”上要知识广博，在“深度”上要知识渊博，在“广度”上要多才多艺，具有日常思想政治工作普遍性和贯通性的基础理论，形成合理宽厚扎实的知识结构，在专业发展上从“外行”转入“内行”。但是，由于思想政治工作任务繁杂，人的精力有限，在浩瀚的知识海洋和业务工作中，思想政治工作者不可能在每一领域“事事通”“样样行”，这就要求思想政治工作队伍必须在广博知识基础上选择适合自身发展的专业方向，否则就很可能成为“万金油”，没有自身的专业特色和成就。因此，思想政治工作者必须着力于专项知识的学习、研究、创新和深化，凸显知识结构中的“突出”特色，使得在主攻方向上有所突破和建树，真正成为“专职、专长、专能、专为”的研究型、学者型和专家型思想政治工作者。

（三）加强理论转化，推动实践创新

理论的学习与知识结构的完善不仅是提升思想政治工作者掌握科学的思维方式和工作方法的主要渠道，也是衡量思想政治工作者素质与能力高低的重要指标。思想政治工作者通过知识重组、重学，将大学生思想政治教育理论知识纳入自己已有的认知结构中，不断丰富和完善已有认知水平，使思想政治工作者主体的理论知识处于较高的水平和稳定的状态，但这并不表明思想政治工作者已经成为思想政治工作的行家里手。因为思想政治工作是一门综合性很强的应用学科，思想政治工作的对象是人，是思想最为活跃的青年大学生，具有鲜明的时代特点和个性。这就要求思想政治工作必须根据思想政治工作的性质和特点，注重理论联系实际，学会把理论知识与新时代青年大学生个性特点、需要和接受规律相统一，在具体的思想政治工作实践中，把理论知识和实践活动相融合，学会从实际出发，但不拘泥于理论知识，充分体现知识的灵活运用，实现思想政治工作者自身素质与职业要求的有效匹配。同时，思想政治工作者应用心去感知和体验工作生活，学会提炼、加工和概括，把思想政治工作的实践凝练、深化、上升为理论，最终实现理论与实践的双螺旋上升。

（四）坚持系统思维，实现协调联动

思想政治工作是一项系统工作，它存在于一定的思想政治工作环境中，是由若干相互联系、相互作用的思想政治工作要素组成的整体。由于思想政治工作各要素之间的关系不是孤立存在的，而是相互联动和辩证统一的，这就决定思想政治工作必须坚持系统思维，注重人员参与的广泛性和要素之间的联系性，运用辩证法、运动观和整体观认识和开展思想政治工作，总体上构成“全程化”“立体化”和“有序化”的育人格局。真正做到坚持把立德树人作为中心环节，把思想政治工作贯穿教育教学全过程，实现全程育人、全方位育人，努力开创我国高等教育事业发展新局面。这就要求在具体的思想政治工作实践中，必须将“三全”育人理念主动融入思想政治工作实践中，牢固树立“一盘棋”思想，打破多方界限的隔膜，

整合资源优势，构建多部门联动、多元主体参与、多形式并举、多领域协作的同向同行的协同育人体系和思想政治工作共同体，最终形成“大思政”的工作格局。

第三节　融媒体时代高校思政课教师的担当与作为

思政课是高校思想政治工作的“主渠道”和“主阵地”。习近平总书记在全国高校思想政治工作会议上明确指出，做好高校思想政治工作，要因事而化、因时而进、因势而新。要遵循思想政治工作规律，遵循教书育人规律，遵循学生成长规律，不断提高工作能力和水平。要用好课堂教学这个主渠道，思想政治理论课要坚持在改进中加强，提升思想政治教育亲和力和针对性，满足学生成长发展的需求和期待，其他各门课都要守好一段渠、种好责任田，使各类课程与思想政治理论课同向同行，形成协同效应。随着融媒体时代的深入发展，如何抓住“融媒体”时代的机遇，利用“融媒体”的优势推进思政课的守正与创新，是思政课改革创新的重要内容。

一、融媒体与思政课融合发展现状

（一）融媒体发展现状

我国自1994年接入互联网以来，媒体格局发生了重大变化，媒介融合大致经历了报纸上网阶段、网络报纸阶段、全媒体阶段和融媒体阶段。关于融媒体发展，2009年至2013年是融媒体研究的初始，这一时期，理论界更多的是基于媒介生态理论进行相关研究。2014年至2016年是融媒体专门研究的小高潮时期。以2014年8月18日习近平总书记在中央全面深化改革领导小组第四次会议上的重要讲话为起点，国家高度重视并不断推进媒体的融合与发展。2016年2月19日，习近平总书记在主持召开党的新闻舆论工作座谈会上强调，要推动融合发展，主动借助新媒体传播优势。在这一时期，理论界更多的是基于融媒体时代的相关研究，对于报业融媒体转型的研究比较缺乏，但是有关报纸的融媒体专门研究已经出现。2017年3月22日，时任中共中央政治局常委、中央书记处书记刘云山在人民日报社调研，首次使用融媒体概念。从此，融媒体进入公认时期，且融媒体概念开始被广泛使用。2018年8月21日，习近平总书记在全国宣传思想工作会议上强调，要扎实抓好县级融媒体中心建设，更好引导群众、服务群众。2019年1月25日，习近平总书记在中共中央政治局第十二次集体学习时强调，要运用信息革命成果，推动媒体融合向纵深发展，做大做强主流舆论。梳理相关文献发现，关于融媒体的研究在逐步深入，且已扩展到新闻传播学、教育学、艺术学、信息与通信工程、计算机科学与技术和中国语言文学等学科领域。

（二）融媒体与思政课的融合

随着国家关于媒体融合发展战略的实施，关于融媒体时代马克思主义传播的研究开始出现，主要涉及融媒体时代马克思主义信仰教育、马克思主义大众化传播和如何讲好马克思主义等内容。高校作为传播马克思主义的主阵地，融媒体如何融入思政课教学已成为新时代实现思政课因事而化、因时而进、因势而新的重大理论与实践问题。但通过知网检索发现，关于融媒体融入思政课的研究较少，其内容主要涉及以下几个方面：一是关于融媒体视域下思政课教学供给侧结构改革研究。主要从协调思政课教学“供给侧”和“需求侧”矛盾入手，探索融媒体视域下思政课教学供给侧结构改革。二是关于融媒体时代思政课教育的话语构成研究。主要从话语的时代性、主导性、预设性、互动性等方面入手，探索融媒体时代思政课教学话语的转换。三是关于融媒体背景下思政课的解构与重构研究。主要探索融媒体时代思政课教学的契机与难题，从培育高校良好的圈群文化、实现虚拟传播与实体教学相融合、提高大学生基本的法律素养等层面探索重塑新的适应时代发展的思政课教学模式。四是关于融媒体时代思政课法治教育研究。主要从打破传统教学模式、拓展法治意识培育阵地、创新融媒体融合方法和整合多方力量等方面探索融媒体时代提升思政课法治教育的实效性。五是关于媒体融合环境下发挥思政课舆论引导作用研究。主要从坚持“举旗引导”、促进文化认同、确立“互联网 +”思维、运用大数据方法和引入分众化、差异化理论等层面探索融媒体环境下提高思政课舆论引导的方式方法。

二、融媒体时代高校思政课教师需要坚持的原则

推动思政课教学传统优势同“融媒体”时代信息技术高度融合是思政课教学发展的方向。一方面，有利于明晰融媒体时代思政课守正与创新的问题导向和受众的需求导向，增强思政课的思想性、理论性、针对性和亲和力，提升育人效果；另一方面，能够推进马克思主义大众化理论、舆情管控理论和思想政治教育理论的发展。作为思政课教师应遵循信息化传播与演化规律、教育基本规律和学生成长规律，推动融媒体与思政课从“融合”到“融活”。

（一）坚持以导向为魂，强化“融理念”

2016年，习近平总书记在全国高校思想政治工作会议上明确指出，我国高等教育肩负着培养德智体美全面发展的社会主义事业建设者和接班人的重大任务，必须坚持正确政治方向，……我们的高校是党领导下的高校，是中国特色社会主义高校。办好我们的高校，必须坚持以马克思主义为指导，全面贯彻党的教育方针。思政课有着明确的意识形态属性，思政课教师要紧紧围绕“培养什么样的人、如何培养人以及为谁培养人”这个根本问题，坚持正确的育人导向。同时，在育人过程中，要把握时代发展脉搏，注重理念创新，当前融媒体已经融入大学生生活的方方面面，思政课堂“低头族”和“手机控”现象比较突出，如何因势而谋，应势而动，顺势而为，提高思政课教学效果，是摆在思政课教师面前的重要任务。因此，思政课教师首先要有创新思维，强化融合理念。

（二）坚持以本正为根，夯实“融基础”

习近平总书记在全国高校思想政治工作会议、党的十九大、2018年5月2日的北京大学师生座谈会、2018年全国教育大会、2019年3月18日学校思想政治理论课教师座谈会等重要会议上，就立德树人发表了一系列重要论述，指出要用新时代中国特色社会主义思想铸魂育人，贯彻党的教育方针，把立德树人作为中心环节、根本任务、安身立命之本，培养担当民族复兴大任的时代新人，把立德树人的成效作为检验学校一切工作的根本标准等。针对思政课建设，习近平总书记在学校思想政治理论课教师座谈会上的讲话中强调，“我们办中国特色社会主义教育，就是要理直气壮开好思政课，用新时代中国特色社会主义思想铸魂育人，引导学生增强中国特色社会主义道路自信、理论自信、制度自信、文化自信，厚植爱国主义情怀，把爱国情、强国志、报国行自觉融入坚持和发展中国特色社会主义事业、建设社会主义现代化强国、实现中华民族伟大复兴的奋斗之中。”，思政课是落实立德树人根本任务的关键课程，思政课教师队伍责任重大。融媒体的发展，使高校思政课不仅拥有了更多课程素材的选择，而且增强了学生的课堂参与度和课后的思考空间，迎合了大学生的心理需求。但融媒体在带来发展机遇的同时，也带来了巨大的挑战，容易导致大学生价值取向多元化和信仰迷失。因此，思政课首先必须守立德树人之正，这也是思政课的根和本，是思政课与融媒体融合的基础。

（三）坚持以规律为循，探索“融方式”

2016年12月，习近平总书记在全国高校思想政治工作会议上明确指出，“做好高校思想政治工作，要因事而化、因时而进、因势而新。要遵循思想政治工作规律，遵循教书育人规律，遵循学生成长规律，不断提高工作能力和工作水平。”这三个规律蕴含于思政课教学的全过程，是思政课教师开展工作的基本遵循。在融媒体时代，融媒体实现了传播从单向传播到互动传播的转变，从“我讲你听、我写你看”向“受众参与、良性互动”教育方式的转变。思政课教师要想在教学过程中更好地让教学内容

"吸睛入脑入心"，必须深化思想认识，遵循育人规律和融媒体传播规律，积极探索思政课与融媒体的融合方式，更好地将思政课教学传统优势同"融媒体"时代信息技术高度融合，避免出现思政课与融媒体简单"相加"和融合不优的问题，做到既坚守思政课价值追求，又能创新工作方法，更好地推动思政课教学的流程再造。最终实现思政课和融媒体优势互补，产生聚合共振效应，提升思政课的针对性和亲和力。

（四）以立破为举，化解"融问题"

融媒体融入思政课教学过程中，必须坚持立破并举、同向发力，解决好立什么、破什么的问题，在"立"与"破"中构建长效育人机制。首先，必须明确思政课与融媒体无论如何融合，立的是主旋律，要牢牢掌握意识形态主导权；破的是负能量，防止背离马克思主义意识形态的蜕变。其次，必须明确立的是理性辨识，破的是模糊认知，传导主流价值观，直面各种错误思潮和观点，切实提升思政课教师的建设性和批判性，真正实现思想深处"立"得住，行动举措站得稳。此外，要深入探索融媒体时代思政课"育人困境"与"融合瓶颈"，从供给主体、供给内容、供给形式三个方面把握融媒体时代思政课供需矛盾，积极挖掘思政课"吸睛"资源，迎合思政课改革需要和大学生心理需求，既实现关注学生所想、所需、所惑，又能提升思政课程的融入力、吸引力和到达力。

（五）以创新为要，实施"融策略"

随着移动互联网的发展和媒体融合的不断推进，网络已经融入大学生生活的方方面面，大学生的兴趣和爱好多元多变。而传统思政课注入式、满堂灌、照书念的教学方式方法已经难以适应时代发展的需要，直接导致课堂教学吸引力不足、抬头率不高、实效性不强等问题。融媒体时代，思政课教师在坚持正确导向的基础上，积极创新工作方式方法，实施融合策略，以青年学生喜闻乐见的形式让大学生接受知识、学到真理、养成信念。2018年4月教育部印发《新时代高校思想政治理论课教学工作基本要求》明确规定，要鼓励思想政治理论课教师结合教学实际、针对学生思想和认知特点，积极探索行之有效的教学方法，自觉强化党的理论创新成果的学理阐释，努力实现思想政治理论课教学“配方”先进、“工艺”精湛、“包装”时尚。要加大对优秀教学方法的推广力度，注重用点上的经验带动面上的提升。课堂教学方法创新要坚持以学生为主体，以教师为主导，加强生师互动，注重调动学生积极性主动性……网络教学作为课堂教学的有益补充，重在引导学生学习基本知识、基本理论等内容。要深入研究网络教学的内容设计和功能发挥，不断创新网络教学形式，推动传统教学方式与现代信息技术有机融合。

（六）以受众为本，提高“融效果”

人才培养工作是高校思政工作的中心环节，而思政课又是高校思政工作的主渠道和主阵地。因此，思政课在人才培养工作中应担负起重要的使命。在这里我们所讲的以受众为本，实质就是以生为本、立德树人，就是要着力培养德智体美劳全面发展的社会主义建设者和接班人。正如习近平总书记在全国高校思想政治工作会议上的讲话所指出的，“思想政治工作从根本上说是做人的工作，必须围绕学生、关照学生、服务学生，不断提高学生思想水平、政治觉悟、道德品质、文化素养，让学生成为德才兼备、全面发展的人才。”在具体教育教学工作中，思政课教师要注重思政课和融媒体的融合效果，在筑牢思想阵地，强化价值引领的基础上，让课堂“活起来”，让学生“动起来”，让主流价值思想有机融入大学生的日常学习与生活中，做到熟知、乐用、善为。

三、融媒体时代高校思政课的创新路径

当前融媒体时代不断深入推进，思政课建设必须积极适应新形势、新任务、新要求，将融媒体环境下丰富的教学资源和教学方式有机融入思政课教学中，激发学生学习兴趣，增强课堂教学效果。

第一，优化育人环境。融媒体时代思政课教学环境是实体环境与虚拟环境的交融，有其独特的环境内涵，高校必须按照“全环境”育人理念，

加强课程文化建设、精神文化建设、物质文化建设和制度文化建设，既建好“软”环境，又建好“硬”环境，清除“杂草”，消除“杂音”，进一步净化思政课育人生态空间，确保“第一课堂”和“第二课堂”，“线下”和“线上”良性互动。

第二，搭建育人平台。从实体教学与虚拟传播高度融合的视角，加强全方位的育人平台体系建设。同时，按照贴近“生活化”、增强“亲和力”要求，探索“课堂主阵地”和“融媒微阵地”平台的互补融合和作用发挥，以突破“有限”、突破“界限”、突破“局限”，实现因势利导，发挥思政课育人最大优势。

第三，培育主体素养。按照政治强、业务精和作风硬的要求，多措并举提升融媒体环境下思政课教师的师德素养、业务素质和媒介素质；根据学生融媒体行为特点，培养学生的媒介素养，包括适应互联网发展的素养和思维方式，具体有注意力、分析甄别力、参与力、协作力和联网智慧；塑造舆论领航员和网络意见领袖，积极引领网络舆论，主动占领网络舆论阵地，牢牢掌握网上舆论引导的主动权和话语；构建学生自主学习、自我教育、自我管理和主动传授的网络育人团队或朋辈互助团队。

第四，加强内容建设。遵循“内容为王”的建设规律，根据大学生的成长特点和心理接受习惯，开发马克思主义“吸睛”资源，挖掘马克思主义的符号价值，注重“配方研发”“艺术设计”和“整体包装”，实现思政课“智能融合感性、价值融合事实、表达融合时代”，避免出现照本宣科和枯燥乏味的满堂灌理论教学。同时，思政课教师要精心设计课堂，通过“议题建构”和“议程设置”等，翻转课堂，延伸课堂，实现“虚拟微课堂”“课程小课堂”“校园中课堂”“社会大课堂”的有机融合，做到既盘活课程“存量”，又优化创新“增量”。

第五，强化育人机制。建立责任重大风险防控机制，提高主体责任意识，守立德树人之正，维护意识形态安全；建立常态协调联动机制，加强内外的沟通联动，实现资源共享，技术互补，同时挖掘专业课程的思政元素，增强工作协同性，实现同频共振；建立分析研判和反馈机制，进行灵敏的信息搜集，高效的分析处理，及时的反馈传递；建立管理干预机制，加强监管和引导，落实不实言论举报制度等，构筑线上线下育人“同心圆”。

第四节　发挥党员先锋模范作用

随着经济全球化和社会主义市场经济发展的不断深入，我国进入社会转型期，经济体制深刻变革，社会结构深刻变动，利益格局深刻调整，加上中西思想文化交流的不断推进，社会上多元价值取向滋生，导致人们思想多元多变现象日益凸显。其中，一些社会群体，尤其部分青年人开始产生浮躁的心理态势，他们不仅对中国主流意识形态加以鞭笞和否定，而且成为社会上非理性价值的诉求者。社会价值取向是整个社会精神文化的晴雨表，如果整个社会的价值取向出现偏颇，没有一个核心价值体系来支撑，没有良好的行为取向去引导，那么整个社会的意识形态就会出现速朽状态，将极大影响整个社会的前行与发展。正如邓小平同志所说：对“一窝蜂地盲目推崇”西方社会思潮的现象，“如果我们不及时注意和采取坚定的措施加以制止，而任其自由泛滥，就会影响更多的人走上邪路，后果就可能非常严重。从长远来看，这个问题关系到我们的事业将由什么样的一代人来接班，关系到党和国家的命运和前途。”①

一、先锋模范作用在引领社会价值取向中的重要性

价值取向是一种重要的价值意识，是人们在一定场合以一定方式采取一定行动的价值倾向。由于人们活动始终受到价值观念的支配，所以，价值取向具体表现为行为取向。价值取向带有行为主体某种程度的理想和自觉特性，但它是根据主体自身的需要而进行的价值选择，不同的人有不同的需求，同一个人在不同时期有不同的需求，即使同一时期需求的侧重也有所不同，因此价值取向带有很强的个体性、主观性和任意性。当然，在

① 邓小平文选：第3卷[M].北京：人民出版社，1993：45.

现实生活中，价值取向并不是完全以个体的形式存在，有时候也以群体的形式表现出来，但是群体价值取向必须通过个体行为的价值取向才能体现出来。由于价值取向具有主体性和个体性的特征，所以价值取向具有积极和消极两个层面。从积极层面看，价值取向赋予个体自主选择的空间，体现了个体价值的主体性；从消极层面看，个体自主选择具有私人性、片面性和为我性，如果没有良好行为取向的引导，那么就容易造成盲目无序的价值失范状态。因此，通过践行社会主义核心价值观的具体路径——发挥党员先锋模范作用，对个体进行有目的、有意识的思想引领和行为带动，就会使整个社会的价值取向与社会所倡导的社会主义核心价值观保持和谐一致、协调发展。从这个层面来说，发挥党员先锋模范作用是引领社会价值取向的重要路径。截至2018年年底，中国共产党党员总数为9059.4万名，充分发挥共产党员的先锋模范作用，能够汇聚磅礴的发展力量。2018年7月，习近平总书记在全国组织工作会议上的讲话指出，“党员是党的肌体的细胞。党的先进性和纯洁性要靠千千万万党员的先进性和纯洁性来体现，党的执政使命要靠千千万万党员卓有成效的工作来完成，党要管党、从严治党必须落实到党员队伍的管理中去。”① “党组织要严格把关，把政治标准放在首位，确保政治合格。要重视从青年工人、农民、知识分子中发展党员。要严格党员日常教育和管理，使广大党员平常时候看得出来、关键时刻站得出来、危急关头豁得出来，充分发挥先锋模范作用。”

二、先锋模范作用在引领社会价值取向中的功能

世界上任何一个国家、民族、政党或家庭，乃至个人都需要一种积极进取、见贤思齐和健康向上的价值取向。在人类社会历史进程中，先进和优秀历来是一个国家和民族走向繁荣昌盛的重要基准。可以说，在一个社会中，如果人人都能履职尽责创先进，立足岗位争优秀，那么社会就会产生强大的凝聚力量和强劲的前进动力。因此，坚持党员标准，充分发挥党员的先锋模范作用，激活党的先进性建设的肌体细胞，历来是党的建设中

① 十八大以来重要文献选编（上）［M］.北京：中央文献出版社，2014：351.

一个十分重要的问题。通过党员带群众，党内带党外，最终使先锋模范成为良好的社会潮流风尚和人民群众的共同价值追求。

（一）先锋模范作用的激励功能

共产党员的先锋模范作用是党的先进性的具体体现，新时代作为培养德智体美劳全面发展的社会主义建设者和接班人的高等学校，对发挥共产党员先锋模范作用的理解应当更深刻更具体。发挥党员先锋模范作用是深入贯彻落实习近平新时代中国特色社会主义思想的重大举措，是为了实现全面建成小康社会，实现中华民族伟大复兴中国梦的具体路径和方法。从这个角度来看，发挥党员先锋模范作用最终惠及的是千家万户的利益和福祉，最终会实现富强民主文明和谐美丽的社会主义现代化强国的目标任务，因而能起到振奋精神、鼓舞人心和激发斗志的作用。另外，党员在生产、工作、学习等活动中，通过发挥先锋模范带头作用，影响和带动周围的群众共同奋斗，既践行了全心全意为人民服务的根本宗旨，又践行了为中国人民谋幸福、为中华民族谋复兴的初心和使命。同时，在具体生产、工作和学习中，通过先锋模范的带动作用，人民群众会看到预期成果和工作业绩，会使他们在心理上产生一种自豪感和满足感，进而激励他们以更大的信心和热情去奋斗。

（二）先锋模范作用的导向功能

价值取向具有自发性、个体性和为我性的特征，这是社会保持多样性和新鲜活力的动力，但价值取向的这些特征很容易造成盲目无序的价值失范状态。因此，要使社会有序健康发展，必须加强对价值取向的引导。把党员先锋模范作用的发挥作为全社会的行为参照系和调节器，以社会整体利益为重，人人学先进、创先进，能更好地引导价值取向朝着合理性、自觉性和规范性的方向发展，最终使人民群众的价值取向与社会主义的核心价值相一致，确保整个社会形成健康向上的发展势头。

（三）先锋模范作用的规范功能

任何一个社会，任何一种文化，都追求价值目标与达到这一目标的手段之间的协调，价值与规范之间的协调是社会正常、健康运转的保障，否则就会出现社会“价值失范”现象。当前我国正处在社会转型期，由于价值观念的嬗变，与之相适应的价值规范并不能同时建立起来，这样就容易出现价值观念与行为规范之间的失调状态，使社会成员感到无所适从，无法建立明确的价值目标和确定的行为准则，社会也无法以普遍的价值规范引导社会成员的行为，从而导致某种程度的秩序混乱。通过某种功效性规定和引导个体行为，使整个社会形成积极向上的进取氛围，最终实现全民奋斗、共创先进的局面。

三、高校师生党员如何发挥共产党员先锋模范作用

先进性是马克思主义政党的本质属性。在中国共产党先进性的引导下，我们党在90多年的历程中，实现了马克思主义与中国实际相结合的两次历史性飞跃。第一次是以毛泽东同志为核心的中国共产党人，把马克思主义基本原理同中国具体革命和建设实际结合起来，创立了毛泽东思想；回答了中国为什么要革命、怎样革命的问题。第二次是以邓小平同志为核心的第二代中国共产党人，把马克思主义基本原理与中国改革和建设具体实际相结合，产生了邓小平理论。此后又在实践中产生了“三个代表”重要思想、科学发展观，分别回答了建设什么样的党、怎样建设党和实现什么样的发展、怎样发展等问题。在这些理论的指引下，推进了波澜壮阔的社会主义建设，中国人民富起来了。党的十八大以来，在以习近平同志为核心的党中央的坚强领导下，全党全国各族人民勠力同心、团结奋斗，取得了历史性变革和历史性成就，深刻回答了“新时代坚持和发展什么样的中国特色社会主义、怎样坚持和发展中国特色社会主义”这一重大时代课题，形成了马克思主义中国化最新理论成果——习近平新时代中国特色社会主义思想，为实现“两个一百年”奋斗目标和中华民族伟大复兴的中国梦指

明了前进方向。随着时代的发展，党的先进性被注入新的内容和活力，充分发挥党员先锋模范作用，通过党内带党外、党员带群众，使党永远保持先进性，永远站在时代的最前沿，成为引导社会前进和领导中国特色社会主义事业的坚强领导核心。在高校，共产党员应在工作和学习中明确价值取向定位，更好地发挥先进性和模范带头作用，最终实现个人和学校的共同发展与进步。

（一）把是否体现先进性作为师生党员价值取向的标准

党员的先进性主要体现在每一个党员按照党的先进性要求，发挥先锋模范作用的素质、能力和实际行动上。高校党员所处的部门不同，职责各有不同，因此在先进性的具体表现形式上有所差异，具体来说，教师党员更多体现在立足岗位，立德树人，学生党员更多体现在立足学习本职，踏实奋斗，全面提升自己，为未来奉献社会积蓄力量。但是，无论这种先进性表现在哪些方面，也无论它具体表现形式如何，都必须体现和反映新时代社会主义核心价值要求，体现和反映马克思主义世界观、人生观和价值观，为建设中国特色社会主义现代化教育强国贡献力量。

（二）把践行社会主义核心价值观作为发挥先锋模范作用的行为准则

在我国的社会价值体系中，社会主义核心价值体系居于核心地位、发挥着主导作用，支撑着这个社会的价值取向，决定着这个价值体系的基本特征和基本方向。社会主义核心价值体系包括四个方面的基本内容，即马克思主义指导思想、中国特色社会主义共同理想、以爱国主义为核心的民族精神和以改革开放创新为核心的时代精神、社会主义荣辱观。这四个方面的基本内容是相互联系、相互贯通，共同构成一个辩证统一的有机整体。社会主义核心价值体系不是单纯的理论，需要人民群众践行的行为准则，而社会主义核心价值观是社会主义核心价值体系的内核。发挥党员先锋模范带头作用是长期以来在基层党组织中行之有效的推动工作、促进发展的重要方式方法。它与我们多年以来倡导的“向雷锋同志学习”是一个道理，给我们的党员、干部和群众树立一个可学、可争、可赶的方向和目标。从这个层面来说，发挥党员先锋模范带头作用是新时代共产党员践行社会主义核心价值观的有效推动力，是每一位共产党员的行为准则。只有充分发挥党员先锋模范作用，树立良好形象，才能引领党员群众取得社会主义事业发展新的胜利。

（三）充分发挥党员先锋模范作用

中国共产党章程明确指出："中国共产党是中国工人阶级的先锋队，同时是中国人民和中华民族的先锋队……"，在当前形势下，共产党员应该充分认识到当前国际国内形势，积极进取，处处争当典型和创造一流，发挥先锋带头作用。否则，就会失去群众的支持和信任，更无法带动身边群众。因此，每位共产党员都应该以身作则，充分发挥党员的先锋模范作用，使其成为一种内在的精神动力，在各项工作中发挥个人的积极性和主动性，实现处处争当典型和争创一流的良好局面。社会主义现代化建设的实践也充分证明，充分发挥党员的先锋模范作用，使其在工作中争创佳绩能够在群众中树立优秀典型，进而形成旗帜鲜明、声势强劲和富有特色的舆论导向和精神标杆。教育是国之大计、党之大计，是民族振兴、社会进步的重要基石，是功在当代、利在千秋的德政工程，对提高人民综合素质、促进人的全面发展、增强中华民族创新创造活力、实现中华民族伟大复兴具有决定性意义。因此，高校师生党员必须充分发挥模范带头作用，不仅要使高等教育适应新时代，更要提升赢得新时代、领跑新时代的能力。

第四章　高校社会主义核心价值观载体研究

人民有信仰，民族有希望，国家有力量。每个走向复兴的民族，都离不开价值追求的指引；每段砥砺奋进的征程，都必定有精神力量的支撑。习近平总书记在党的十九大报告中指出："社会主义核心价值观是当代中国精神的集中体现，凝结着全体人民共同的价值追求。"党的十八大以来，以习近平同志为核心的党中央大力推进、持续深化社会主义核心价值观培育和弘扬，在社会唱响"三个倡导"：倡导富强、民主、文明、和谐，倡导自由、平等、公正、法治，倡导爱国、敬业、诚信、友善。引导广大人民群众不断加深理解认同，久久为功，驰而不息。

第一节　筑牢中华民族伟大复兴中国梦的共同思想基础

2012年，党的十八大闭幕后不久，在参观"复兴之路"展览时，习近平总书记深情阐述"中国梦"。"中国梦"的提出，既是对百年来中华民族为实现复兴而不懈奋斗历程的浓缩与概括，也是对当下中国人民面向未来所有感情和力量的表达与凝聚。它不仅标志着中国共产党人对中华民族伟大复兴内涵的理解有了新的升华，也为党团结带领全国各族人民开创美好未来指明了前进方向。十八大以来的历史性成就和历史性变革雄辩地证明了中国共产党人历史使命的自觉担当已经迈进了新的境界。党的十九大报告指出，"实现中华民族伟大复兴是近代以来中华民族最伟大的梦想。中国共产党一经成立，就把实现共产主义作为党的最高理想和最终目标，义无反顾肩负起实现中华民族伟大复兴的历史使命，团结带领人民进行了艰苦卓绝的斗争，谱写了气吞山河的壮丽史诗。”作为党和国家未来建设和发展的生力军，青年大学生能否把实现民族复兴的中国梦变成一种清晰的思想意识、坚定的理想信念和具体的实际行动，关系到中国特色社会主义事业的前途和命运。高校在人才培养过程中，应厘清中华儿女的逐梦内涵，以“逐梦之路、逐梦之道、逐梦之术、逐梦之行”为主线，坚定“四个自信”目标，播撒梦想，凝聚共识，使当代大学生勇敢肩负时代赋予重任，汇聚成发展的磅礴力量。

一、认识逐梦之路，凝聚思想共识

（一）救国梦——梦想重寻

从1840年鸦片战争开始，中国志士仁人为寻求“国家富强，民族振兴，人民幸福”的中国梦，已经整整走过了180年的光辉历史。前一百多年，中华民族血洒维新，甲午战败，梦碎共和，一次次抗争，一次次失败，但都没有探索出一条真正救亡图存的道路。五四运动以后，俄国十月革命一声炮响，送来了马克思列宁主义，旧民主主义思想在中国人民心目中破了产，历史的重任光荣地落在了中国共产党的肩上，中国先进的知识分子和志士仁人，从马克思主义真理中逐步探索出救亡图存的道路。在近代以来中国革命剧烈斗争中，在马克思列宁主义与中国工人运动的结合中，中国共产党诞生了。从此，中华大地掀起一场彻底的反帝反封建的新民主主义革命。作为新时代的大学生，应明晰中国近现代史的历史脉络和中国共产党的救国梦，深刻理解中国共产党领导中国人民披荆斩棘，开拓进取，在革命历程中经历了一次又一次血与火的考验，充分认识只有在中国共产党的领导下，经过长期的浴血奋战，中华民族从黑暗走向了光明，中国人饱受屈辱和任人摆布的历史一去不复返，中华民族实现了“站起来”的梦想。

（二）中华人民共和国成立——梦想奠基

以毛泽东同志为核心的第一代中央领导集体领导全国各族人民经过二十八年的浴血奋战，推翻了压在中国人民头上的三座大山，中华人民共和国的成立，标志着1840年以来中国争取民族独立、人民解放的历史任务基本完成。它从根本上改变了中国历史前进的方向，开启了中华民族伟大复兴的历史新纪元，为国家富强和民族复兴创造了前提，奠定了基础。从新政权建立到新政权巩固，是新民主主义革命时期关于新中国的政治理想化为现实的重要历史阶段，这一历史阶段为中华民族实现现代化的梦想奠定了坚实的政治和物质基础。青年大学生要深刻领会，在毛泽东同志等老一辈革命家的带领下，新生政权不但得到了巩固，国家在各个领域也实现了前所未有的进步和发展。

（三）兴国梦——梦想起航

事物的发展道路是曲折的，中国共产党在马克思主义中国化道路上也走过了一些弯路，遇到一些挫折。党的十一届三中全会，开启了改革开放和社会主义现代化建设历史新时期。以邓小平同志为核心的第二代中央领导集体，重新确立了“一个中心，两个基本点”，带领全国各族人民顺应时代发展潮流，解放思想，实事求是，按照自身发展的内在逻辑，接力探索，接续奋斗，开创了中国特色社会主义道路，开辟了中华民族“富起来”的新征程。新时代大学生要深入理解邓小平理论、“三个代表”重要思想和科学发展观，充分认识中国共产党领导全国各族人民从“站起来”到“富起来”的发展历程。

（四）强国梦——梦想实现

党的十八大以来，以习近平同志为核心的党中央接过历史发展的接力棒，拨开历史的陈积，凝聚和激励中华民族绵延发展的内在动力，带领全国各族人民攻坚克难，苦干、实干，以中华民族兼济天下的博大情怀，在人类文明多样化发展道路上走出了一条具有“中国风格、中国气派”的康庄大道，取得了历史性成就和历史性变革，充分展现了未来的美好前景。作为新时代大学生，要充分认识和理解新时代的历史方位和个人的使命担当，明晰在历史的关节点上，实现中国梦必须在习近平新时代中国特色社会主义思想指导下，按照“两个一百年”奋斗目标，怀抱复兴梦想，心往一处想，劲往一处使，铿锵前行。

二、领会逐梦之道，坚定“四个自信”

（一）坚持中国道路

梦不同，圆梦的道路就不同。中国道路是近代以来中国人民救亡图存和接续发展的实践探索，是中国人民的历史选择，是实现中国梦的必由之路。“这条道路的本质灵魂是对科学社会主义基本原则的继承和发展，同时，它也是在改革开放的伟大实践和新中国建设不断探索中逐渐形成的。”[①]我们必须清醒地看清中国道路是属于我们自己的道路，这条路不会只有顺境和坦途，也会有险境和荆棘，但我们应满怀信心地走好这条路，理直气壮地反对各种腐朽思想和错误思潮，决不走改旗易帜的邪路和封闭僵化的老路。党的十八大报告明确指出：“回首近代以来中国波澜壮阔的历史，展望中华民族充满希望的未来，我们得出一个坚定的结论：全面建成小康社会，加快推进社会主义现代化，实现中华民族伟大复兴，必须坚定不移走中国特色社会主义道路”。青年大学生要深入领会，中国道路是以科学理论为指导的道路，是人民创造历史的实践道路，更是集中力量办大事和倡导平等共建人类命运共同体的道路，坚定走中国特色社会主义道路的决心和信心。

（二）弘扬中国精神

信仰和理想所产生的精神力量，是一个人强大的力量，而人的精神力量的强力汇聚就会成为民族无坚不摧的国家力量。中华民族以什么样的精

① 本书编写组.中国梦是什么[M].广东：广东人民出版社，2013：114.

神状态面对民族复兴大任，将决定这场伟大实践能否成功。因此，我们必须呈现出与伟大时代、伟大目标和伟大梦想相匹配的精神，并保持昂扬斗争精神和价值追求。新时期弘扬中国精神就要弘扬以爱国主义为核心的民族精神和以改革创新为核心的时代精神。其中，改革创新是国家和民族进步与发展的灵魂。可以说，弘扬中国精神是增强民族发展内在凝聚力的重要渠道。

(三)凝聚中国力量

实现伟大民族复兴的中国梦必须排除一切干扰，调动一切积极因素、团结一切可以团结的力量，心无旁骛谋发展，凝聚中国力量建设现代化强国。在不同时代，中国力量蕴含着不同的内涵，革命年代它象征着前赴后继、不屈不挠，激情燃烧的社会主义建设时期它象征着默默无闻、无私奉献，波澜壮阔的改革历程中它象征着万众一心、拼搏奋斗。可以说，中国力量就是中国各族人民大团结的力量。因此，只有凝聚中国力量，才能让全国各族人民牢记使命担当，心往一处想，劲往一处使，真正汇聚中华民族不可战胜的磅礴力量。青年大学生要实现“得其大者可以兼其小”，为中华民族伟大复兴的中国梦凝聚共识、汇聚力量，实现同祖国和时代一起成长与进步。

三、明确逐梦之术，牢记使命担当

圆梦需要方法和手段。由于中国梦不是静止的，而是充满了时代特征，因此，新时代要实现全局发展的最优化，必须让中国梦的每一个组成因子，都能不断追求着理想的最大化。从国家全局来看，“五位一体”总体布局和“四个全面”战略布局是实现中华民族伟大复兴的逐梦之术。当前，统筹推进“五位一体”总体布局，协调推进“四个全面”战略布局，是全力推进全面建成小康社会进程的根本保证，是实现“两个一百年”奋斗目标的重要基础。青年大学生要明晰“五位一体”总体布局和“四个全面”战略布局的内在逻辑关系，砥砺奋进，不断破解发展难题，增加发展动力，厚植发展优势，真正用创造性的智慧彰显民族自豪。

四、强化逐梦之行，勇于“立心筑梦”

实干兴邦，空谈误国。再宏伟的蓝图不落实，终究在纸上；再远大的理想不践行，终究是空想。中国梦也是每一位中华儿女的梦，它是无数个小小的梦编织而成的。可以说，中国梦的实现，与每一个人都息息相关。作为未来中国特色社会主义事业的建设者和接班人，大学生群体更应勇于“立心筑梦”。青年大学生要清醒地认识到世界上没有坐享其成的好事，要幸福就要奋斗，历史绝不等待犹豫者、观望者和懈怠者，要学会用理想信念提升中国梦，用发愤图强引领中国梦，用诚实守信扮美中国梦，用脚踏实地夯实中国梦，用不懈奋斗铸就中国梦，自觉为实现中华民族伟大复兴的中国梦驰而不息，勇担重任。

中华民族伟大复兴的中国梦，不仅意味着经济、军事等物质力量的强大，更意味着国家文化软实力和中华民族精神家园的富足。作为文化软实力的灵魂、文化软实力建设的重点，社会主义核心价值观是实现中国梦的基础工程。正如2014年习近平总书记在中共中央政治局第十三次集体学习时强调，“一个国家的文化软实力，从根本上说，取决于其核心价值观的生命力、凝聚力、感召力。培育和弘扬核心价值观，有效整合社会意识，是社会系统得以正常运转、社会秩序得以有效维护的重要途径，也是国家治理体系和治理能力的重要方面。历史和现实都表明，构建具有强大感召力的核心价值观，关系社会和谐稳定，关系国家长治久安。”青年大学生作为祖国的未来和希望，要筑牢中华民族伟大复兴中国梦的共同思想基础，汇聚磅礴的发展力量。

第二节　用中华优秀传统文化滋养社会主义核心价值观

文化是民族的血脉，是人民的精神家园。我们的祖国是世界文明的发源地之一，有着五千年的文明史，与古埃及、古巴比伦、古印度并称为“四大文明古国”。这四大文明古国中，只有中国是从古至今唯一一个文明传统未曾中断的国家，这其中最重要的原因就是文化的传承与发展。美国哈佛大学教授杜维明对中国传统文化给予高度赞扬，他说：“世界上有古无今的文化很多，有今无古的文化也很多，而有古有今的文化则很少，像中国这样波澜壮阔的文化传统简直是独一无二的历史现象”。可以说，中国优秀传统文化不仅是中华民族的“根”和“魂”，也是世界文化史上的一个璀璨明珠。党的十八大以来，以习近平同志为核心的党中央始终坚持马克思主义指导地位，立足当代中国特色社会主义发展实际，以实现中华民族伟大复兴的中国梦为目标，以历久弥新的优秀传统文化为滋养，强调培育和弘扬社会主义核心价值观是实现中国梦的思想保证和价值支撑，凝聚起社会共识的“最大公约数”。

一、中华优秀传统文化与社会主义核心价值观的内在联系

中华优秀传统文化孕育着每个中华儿女安身立命的精神家园，是培育和践行社会主义核心价值观的根基所在。习近平总书记在中共中央政治局第十三次集体学习时指出：“培育和弘扬社会主义核心价值观必须立足中华优秀传统文化。牢固的核心价值观，都有其固有的根本。抛弃传统、丢掉根本，就等于割断了自己的精神命脉。博大精深的中华优秀传统文化是我们在世界文化激荡中站稳脚跟的根基。中华文化源远流长，积淀着中华民族最深层的精神追求，代表着中华民族独特的精神标识，为中华民族生生不息、发展壮大提供了丰厚滋养。中华传统美德是中华文化精髓，蕴含着丰富的思想道德资源。不忘本来才能开辟未来，善于继承才能更好创

新。对历史文化特别是先人传承下来的价值理念和道德规范，要坚持古为今用、推陈出新，有鉴别地加以对待，有扬弃地予以继承，努力用中华民族创造的一切精神财富来以文化人、以文育人。”①众所周知，中华优秀传统文化中“格物、致知、诚意、正心、修身、齐家、治国、平天下”，体现了中国古代人关注世界、社会、人生的独特价值体系，而社会主义核心价值观从国家、社会和个人三个层面的表述，充分体现了对中华优秀传统文化的继承和升华。可以说，社会主义核心价值观是在吸收中华优秀传统文化丰富营养的基础上逐步发展和完善的，二者内在上是统一的，离开优秀传统文化的滋养，社会主义核心价值观将变成无源之水、无本之木。因此，必须认真汲取中华优秀传统文化的思想精华和道德精髓，大力弘扬以爱国主义为核心的民族精神和以改革创新为核心的时代精神，深入挖掘和阐发中华优秀传统文化讲仁爱、重民本、守诚信、崇正义、尚和合、求大同的时代价值，使中华优秀传统文化成为涵养社会主义核心价值观的重要源泉。

二、复兴中华优秀传统文化，坚定文化自信

中华优秀传统文化是中华民族的精神命脉，是涵养社会主义核心价值观的重要源泉。2014年5月4日习近平总书记在北京大学考察时指出：“中华优秀传统文化已经成为中华民族的基因，植根在中国人内心，潜移默化影响着中国人的思想方式和行为方式。今天，我们提倡和弘扬社会主义核心价值观，必须从中汲取丰富营养，否则就不会有生命力和影响力。”党的十九大报告也强调，深入挖掘中华优秀传统文化蕴含的思想观念、人文精神、道德规范，结合时代要求继承创新，让中华文化展现出永久魅力和时代风采。这为我们正确认识和准确把握社会主义核心价值观与中华优秀传统文化的内在关系，立足新时代持续深入推进社会主义核心价值观建设提供了根本遵循和行动指南。而复兴中华优秀传统文化必须坚定文化自信，以及对文化价值的高度认同和践行。因为中华优秀传统文化是在中华

① 习近平谈治国理政[M].北京：外文出版社，2014：164.

民族实践的过程中不断发展而来的，具有鲜明的民族性特征，从而具备了高度的教育意义和动员作用。因此，新时代坚定文化自信，必须把中华优秀传统文化与社会主义先进文化融合起来，充分认识中华文化与西方国家文化的差异，充分发挥优秀传统文化的价值力量，从内在深层次坚定文化自信，坚持创造性转化、创新性发展，坚持交流互鉴、开放包容，不断厚植国家文化软实力，铸就中华文化新辉煌。

三、繁荣中华优秀传统文化，践行社会主义核心价值观

中华优秀传统文化已经成为中华民族的基因，植根在中国人内心，潜移默化地影响着中国人的思想方式和行为方式。进入新时代，我们提倡和弘扬社会主义核心价值观，必须从中汲取丰富营养。青年大学生培育和践行社会主义核心价值观，首先，开展礼文化教育。礼文化是中华传统文化的标识，起源最早、内容最广且多元一体。《荀子・修身》中指出："人无礼则不生，事无礼则不成，国家无礼则不宁。"可以说，礼文化是中华传统文化的核心，它借助行为规范的矫正而实现道德人格的养成。礼教本质上就是一种价值观教育，礼文化的结构和功能决定了它具有丰富和多样的价值内容。因此，高校在开展社会主义核心价值观教育过程中，可以把礼教融入日常教育过程中，实现礼教与社会主义核心价值观教育的融合、融通。

其次，加强国学经典教育。国学经典进校园，可以加深大学生对传统文化的了解，使大学生从中受到教育和启发，有利于大学生人文素养的塑造和良好道德观的养成。国学中有大量的当今道德建设的"元素"，"仁、义、礼、智、信"是塑造人性品格的起码道德要求，"厚德载物""知义明耻""和为贵"等思想是祖先遗留下来的社会道德建设的宝贵遗产，可起到荡涤灵魂的作用。但是，高校的国学教育不是对传统国学的回归与重复，应有着现实的社会担当，要"去粗取精，去伪存真"。因此，高校在开展国学教育时，不能满足国学教育的表面热闹，要将国学的内蕴要求与大学生日常行为规范相融合，将文句诵读与精神移植相结合、与常规教育和养成教育相结合，让大学生在"铭言、知理"的基础上不断"塑形、矫行"。

最后，要在“勤学”“修德”“明辨”“笃实”四个方面做文章。一是要勤学。知识储备是树立核心价值观的重要基础。我国古人说：“非学无以广才，非志无以成学”。高校大学生不学习就难以增长才干，不立志就难以学有所成，就难以堪当民族复兴大任。为学之要贵在勤奋、贵在钻研、贵在有恒。大学生要勤于学习、敏于求知，注重把所学知识内化于心，形成自己的见解，既要专攻博览，又要关心国家、关心人民、关心世界，学会担当社会责任。二是要修德。“才者，德之资也，德者，才之帅也”，道德之于个人、之于社会，都具有基础性意义，做人、做事第一位的是崇德修身。大学生修德，既要立意高远，又要立足平实。既要修立志报效祖国、服务人民的大德，又要踏踏实实修好公德和私德。三是要明辨。古人言：“君子有三鉴：鉴乎古，鉴乎人，鉴乎镜”，要做到明辨，就要在“鉴”字上下功夫。高校开展核心价值观教育，要在方法论上给予学生指导，教育大学生既要坚持实事求是的原则，又要辩证地看待问题。特别是面对世界的深刻复杂变化，面对信息时代各种思潮的相互激荡，面对纷繁多变、鱼龙混杂、泥沙俱下的社会现象，面对学业、情感、职业选择等多方面的考量，一时有些疑惑、彷徨、失落，是正常的人生经历。关键是要学会思考、善于分析、正确抉择，做到稳重自持、从容自信、坚定自励。四是要笃实。《礼记》中说：“博学之，审问之，慎思之，明辨之，笃行之。”做人要以诚为本，因为诚实是立身之本，诚实是做人的一种美德。人之无诚，不可为交。“欲当大任，须是笃实”。新时代青年大学生有着难得的发展机遇，青年大学生只有迈稳步子、夯实根基、久久为功，才能真正发展为德智体美劳全面发展的社会主义建设者和接班人。

第三节　用红色文化涵养社会主义核心价值观

“红色文化，从广义上说，就是中国共产党领导人民在革命、建设、改革进程中创造的以中国化马克思主义为核心的先进文化。”[①]它是中国共产

① 刘润为.红色文化与中国梦[N].人民日报，2013-11-14(07).

党留给人民群众的宝贵精神财富，既是对中国优秀传统文化的继承与发展，又体现了伟大的民族精神、丰富的革命精神和崇高的价值标准，孕育着厚重的历史文化内涵。2016年4月，习近平总书记在安徽调研时强调，“革命传统教育要从娃娃抓起，既注重知识灌输，又加强情感培育，使红色基因渗进血液、浸入心扉，引导广大青少年树立正确的世界观、人生观、价值观。”

一、红色文化与社会主义核心价值观的内在联系

红色文化是中国共产党领导人民大众在新民主主义革命和社会主义建设时期经过艰苦卓绝的斗争和曲折的探索而逐步形成的，它以马克思主义为指导，同时又创造性地吸收了中外优秀文化思想，在内容上集中反映了一定历史阶段的核心价值。而社会主义核心价值观是我们党凝聚全党全社会价值共识作出的重要论断，把涉及国家、社会、公民的价值要求融为一体，是社会主义核心价值体系最深层次的精神内核和凝练表达。从二者之间的关系来看，首先，红色文化是社会主义核心价值观的重要来源。中国近代以来，中华民族面临着两大历史任务：一是民族独立和人民解放，二是实现国家繁荣富强和人民共同富裕。中国共产党是带领全国人民完成这两大历史任务并实现中华民族伟大复兴的领导力量。无论是国家层面、社会层面，还是个人层面，中国共产党在近代革命中逐步形成了社会主义核心价值观的主体性内容，而且也指明了中国共产党的“初心和使命”。其次，红色文化是培育社会主义核心价值观的优质载体。红色文化是马克思主义中国化进程中的实践产物，全面体现了社会主义核心价值观的文化精髓。它蕴含着浓郁的爱国主义精神、民族精神、艰苦奋斗精神和开拓创新精神，具有现实性、感染性、直观性和形象性等特点。红色文化通过历史恢宏场景再现和生动红色故事讲述，为社会主义核心价值观的培养提供了鲜活的“教育素材”。可以说，弘扬红色文化，有助于传承革命精神、培养民族感情、激发精神动力，让红色基因的种子在中华大地上生根发芽。最后，社会主义核心价值观是对红色文化的凝练与升华。社会主义核心价

值观植根于红色文化的深厚土壤里，汲取了红色文化的精华，是对共产党人精神的彰显，它展现了共产党人对美好生活和理想社会的不懈奋斗和追求。

总而言之，红色文化与社会主义核心价值观具有天然的内在联系。如果说中华优秀传统文化是社会主义核心价值观的土壤，那么红色文化则是社会主义核心价值观的根系，将红色文化蕴含的丰富历史资源结合时代特征、当代国情和学生需求创造性转化为大学生践行社会主义核心价值观的教育资源，对于增强青年大学生社会主义核心价值观的亲和力和感染力，提高青年大学生社会主义核心价值观教育的针对性和实效性具有重要意义。

二、红色文化融入高校社会主义核心价值观的基本原则

（一）坚持课堂灌输与实践教育相统一

理论教育与实践教育相结合是思想政治教育的重要原则。红色文化教育要以课堂教育为主渠道，以实践教育为载体，坚持课上与课下、课内与课外相结合的模式。首先，要推进红色文化教育“进教材、进课堂、进头脑”。通过思想政治理论课和红色文化专题教育，将红色文化教育与青年大学生思想政治教育有机结合起来，让红色文化教育浸润到每一位青年大学生的心灵，真正触摸“历史的厚度”，体会“红色的热度”，感受“文化的温度”。其次，在丰富课堂教育教学方式方法的基础上，要坚持走出去。高校应充分利用当地的红色文化资源，与地缘相近的爱国主义教育基地形成合作共建关系，建立一些固定的、能够满足高等教育需要的红色文化实践教学基地。让青年大学生将理论与实践统一起来，在实践中理解和掌握红色文化的精髓。

（二）坚持价值引领与生活践行相统一

党的十八大以来，习近平总书记多次强调要把红色资源利用好、把红

色传统发扬好、把红色基因传承好。红色基因是信仰的种子、精神的谱系，它代表着忠诚、代表着追求、代表着忘我精神。每一片红色热土都是一个常学常新的生动课堂，蕴含着丰富的政治智慧和道德滋养。践行是最终的落脚点，高校开展大学生红色文化教育，把红色文化嵌入到大学生日常生活提升大学生认知认同和情感认同的同时，更要注重强化行为认同，使红色文化嵌入到大学生日常学习、工作和生活中，真正让信仰点亮他们的人生。

（三）坚持精准教育与协同联动相统一

精准教育要求红色文化融入社会主义核心价值观教育要精细化，有针对性。红色文化内容广博，高校思想政治工作者要精心提炼，选择典型内容，有机融入社会主义核心价值观的具体层面具体内容，注重思想性、知识性、趣味性和感染性。在红色文化教育过程中，要注重协同联动。思想政治理论课要丰富教育教学方式方法，通过教师主导讲授、红色经典展播、翻转课堂、慕课等更准确、更有效地开展红色专题教育，思想政治理论课教师、共青团干部、辅导员和社团组织要借助各地红色文化教育基地，丰富教育形式，通过第二课堂、社会实践活动或红色主题教育开展红色教育，着力提升学生运用已学的理论知识分析、解决问题的能力。

三、红色文化融入高校社会主义核心价值观的教育路径

（一）融入课堂教学，坚持同向同行

习近平总书记在全国高校思想政治工作会议上强调，要用好课堂教学这个主渠道，思想政治理论要坚持在改进中加强，提升思想政治教育亲和力和针对性，满足学生成长发展需求和期待，其他各门课都要守好一段渠、种好责任田。使各类课程与思想政治理论课同向同行，形成协同效应。高校要将红色文化教育融入大学生社会主义核心价值观教育体系，必须重视发挥课堂教学的阵地作用。首先，思想政治理论课要充分发挥主阵

地作用。思想政治理论课要结合不同课程特点，精心设计讲授内容，让大学生思想上受教育，灵魂深处受触动。其次，专业课程要根据专业特点，嵌入式融入红色教育内容。专业课教师要结合专业特点，有意识挖掘教材中的红色文化资源，充分发挥专业课程隐性教育功能。最后，其他课程要有选择性地融入红色教育内容。非专业课程、党团课程和入学教育等要有选择地挖掘红色德育元素，全面拓展红色教育途径。

（二）融入校园文化，涵养德行品质

校园文化是一种追求、一种氛围、一种精神，被视为大学的风骨，是学校发展的灵魂，是凝聚人心、展示学校形象、学校文明程度的重要体现。高校校园文化的核心是价值观文化。而红色文化是社会主义先进文化的重要组成部分，具有价值塑造功能。因此，将红色文化融入校园文化建设中，是高校社会主义核心价值观教育的重要途径。将红色文化融入校园物质环境中，应结合学校办学历史、建筑风格和整体育人要求，将红色元素契合性地融入校园楼宇、道路景点和宣传橱窗等的设计中，有条件的学校积极建设展览馆、博物馆或陈列室等，切实将红色文化融入标志性校园实务中。此外，利用各种重要节日、纪念日，举行形式多样的红色主题教育或红色经典展演等活动，积极传递正能量。

（三）创新活动载体，拓展实践教育

社会实践是课堂教育的延伸，是大学生走进社会，培养社会活动能力的一次锻炼，有助于大学生了解历史、熟悉民情、奉献社会，对大学生获得理论知识印证并有效地内化个人道德观念具有重要的作用。首先，高校应积极与政府或社会共建红色文化教育基地，拓展教育平台。鼓励学生个体或团队开展红色之旅，增强学生的历史认同和文化认同。其次，广泛开展志愿服务活动。通过“雷锋月”“三下乡”等志愿服务活动，让大学生在参与式观察和服务式体验中增强对社会主义核心价值观的理解和认同。

（四）搭建网络平台，开展特色教育

随着信息科学技术的发展，互联网已经深刻地影响到大学生生活的方方面面。高校思想政治工作应跟上时代发展的步伐，积极开发和利用红色文化主题教育网站，使其成为大学生获取红色文化信息和资源的重要平台。第一，“筑镜”——建立红色教育网站。红色教育网站要坚持以国家利益为重、尊重历史、面向未来，坚持正确的舆论导向，坚持历史与人物和红色旅游信息的真实、客观、公正、全面的原则，打造区域特色的红色教育信息平台。第二，“筑路”——红色网络信息平台管控。深入研究大学生价值观领域的发展动向，把红色教育网站办成红色文化教育的信息化平台。按照贴近“生活化”、增强“亲近感”要求，探索网络平台作用如何得到最大限度发挥，同时加强网站的监管。第三，“筑魂”——主体网络素养培养。按照政治强、业务精和作风硬的要求，提升育人主体的信息素质和媒介能力。最终通过多主体的共同努力，构建社会主义核心价值观发生作用的强大场域。第四，“筑材”——红色网站内容建设。遵循“内容为王”的网络建设规律，深入研究网络特点和大学生成长特点，充分挖掘红色育人要素和开发网络资源，突出红色文化涵育高校社会主义核心价值观的温度和亮度。

第四节　社会主义核心价值观引领校园文化建设

校园文化是社会主义先进文化的重要组成部分，是学校的精神和灵魂，也是激发办学活力的重要源泉。加强校园文化建设，对于推进高等教育改革发展、加强和改进大学生思想政治教育、全面提高大学生综合素质，提高人才培养质量和水平，推进学校科学发展都具有十分重要的意义。新时代校园文化建设必须以习近平新时代中国特色社会主义思想为指导，协调统筹大学文化和特色文化的关系，紧紧围绕立德树人根本任务，以培育和践行社会主义核心价值观为主线，坚持以理正人重引领、以德育人重陶

治、以情感人重认同、以文化人重具体，通过深化和拓展精神文化、环境文化、廉洁文化、网络文化、阅读文化等文化形态建设，弘扬主旋律、传递正能量、突出高品位，努力建设体现中国特色社会主义特点、时代特征和学校特色的校园文化，不断满足师生日益增长的精神文化需求，为培养德智体美劳全面发展的社会主义建设者和接班人、增强学校办学软实力提供更为有力的文化条件和精神支撑。

一、精神文化载体建设——思想引领、文化熏染

（一）理想信念教育

理想信念教育关乎“培养什么人、怎样培养人、为谁培养人”这一教育工作的根本性问题。高校要坚持把立德树人作为中心环节，以理想信念教育为核心，多形式地开展宣传教育，进一步增强道路自信、理论自信、制度自信、文化自信。培育和践行社会主义核心价值观，将社会主义核心价值体系教育融入课堂教学、社会实践、校园文化、学校管理等各项工作中，积极营造浓厚氛围，引导师生员工树立正确的世界观、人生观、价值观，做到内化于心、外化于行。

（二）精神文明创建

精神文明创建是一项系统工程，学校应以坚持提高师生员工科学文化素质和思想道德素质这一基础性工程为抓手，推进文明创建常态化。在创建过程中，要突出创建重点，注重舆论引导，使文明创建环环相扣、层层推进、形成合力。加强社团文化建设，开展富有特色的校园文化活动。推进志愿服务规范化、制度化、常态化，大力开展学雷锋活动，弘扬奉献精神，真正造就大批爱国、守法、爱岗、敬业、诚信、奉献的有用之才。

（三）行为文明建设

认真贯彻《新时代公民道德建设实施纲要》《新时代高校教师职业行为

十项准则》和《高等学校教师职业道德规范》等，加强社会公德、职业道德、家庭美德、个人品德的“四德教育”。加强校园行为文明准则宣传教育，开展勤俭节约教育实践活动、师德师风建设、“三爱”教育、“创文明校园、做文明学生”等活动。以知荣辱、守规范、重礼仪、讲诚信、尚节俭、作奉献、促和谐为重点，形成勤俭节约、明礼诚信、自由公正、遵纪守法、团结友善的校园文明新风尚。

二、环境文化载体建设——整洁优美、中得心源

(一)校园景观建设

校园景观是校园文化建设的重要组成部分，能够反映校园的独特气质，也充当着校园名片的功能，是人们对校园的最直观反映，是校园留给人的第一印象。打造充满人文气息的现代化校园，必须从细微处入手，以环境建设为载体，营造学校环境文化，有效提升师生对于校园的归属感，使师生在日常学习、工作和生活中接受先进文化的熏陶和文明风尚的感染，享受校园生活，陶冶情操，增长知识，进而促进学校软实力持续发展。

(二)校园生态建设

积极发挥制度文化、墙壁文化、行为文化等作用，倡导积极、健康、向上的良好风尚，营造干事创业的良好氛围。围绕资源节约型、环境友好型的“两型”校园建设，积极开展控烟活动，推进节能降耗等工作，大力建设低碳、环保的绿色校园。加强校园标识建设，发挥学校校训、校徽、校歌等校园文化标识的引领作用，实现以视觉形式对师生进行耳濡目染的熏陶，让特色文化深入人心。按照内强素质、外树形象的目标，在人才培养、科学研究、社会服务、文化传承创新中彰显学校的社会形象。突出对教学名师、学术进展、发展实绩、先进典型和校园文化等方面的对外宣传展示，扩大学校的影响力和美誉度。

三、廉洁文化载体建设——知廉行廉、春风化雨

（一）创新载体建设

开展廉政文化建设，对于提高教师职业道德水平，净化学生心灵、陶冶学生情操，培育良好的校园文化具有十分重要的作用。推进廉洁文化进校园，通过组织廉政知识竞赛、推进廉政文化“三进”、开展廉政主题教育和警示教育等，积极营造以廉为荣、以贪为耻、崇廉尚廉的氛围。通过发挥学校群团组织的作用，引导师生培养健康的生活情趣，倡导廉政“书香文化”。同时，积极发挥网络资源的作用，激活廉政“网络文化”。

（二）教育基地建设

充分利用各类社会资源，注重名人文化与廉政文化的结合、历史文化与现代文化的结合、红色文化与廉洁文化的结合，着力加强廉政文化教育基地建设。定期组织师生学习参观教育基地，举办辅导报告，推进廉政教育与廉政文化良性互动、相互促进，促使师生学廉、思廉、崇廉、尚廉。以创建廉政文化示范点为抓手，按照坚持标准、量化考核、打造精品、注重特色的原则，加大经费支持力度，以点带面，示范引领，全方位、多层次开展廉政文化建设，进一步提升廉政文化建设水平。

四、网络文化载体建设——借风使船、涵育文化

（一）加强阵地建设

网络文化开辟了文化建设的新领域。加强网络文化建设，对于传播社会主义核心价值观、开展大学生思想政治教育、推进校园文化建设具有重要的现实意义。坚持把握导向、建管并重、重在建设的原则，支持网络文化中心建设，用中华优秀传统文化、校园特色文化占领校园网络宣传阵

地，用科学有效的管理来规范校内网络媒体传播秩序，积极打造校园门户网站、专题网站、“两微一端”等新媒体宣传特色，树立学校良好的社会形象。

（二）注重宣传效果

调动师生参与网络建设的积极性，提高网络文化产品的服务和供给能力，同时提供校园公共文化信息服务和个性化、特色化服务，真正让师生愿看、想看、爱看。把握网络文化传播规律，掌握网络话语，针对大学生思维特点，用通俗的语言阐释深刻的道理，用熟悉的事例论证不熟悉的规律，使网络信息在传播过程中既满足趣味性又保证教育性和信息量。

（三）丰富活动方式

积极开展丰富多彩的网络主题教育活动，运用图解、视频、音频、微电影、微课堂、微动漫等网络文化表现方式，切实增强宣传内容的亲和力、吸引力、影响力，春风化雨、润物无声地进行大学生思想政治教育，进一步提高网络育人的效果，更好地助力大学生成长成才。

五、阅读文化载体建设——书香雅韵、以智启人

（一）阅读环境建设

高校图书馆是培养大学生综合素质的重要场所。图书馆阅读环境与读者息息相关，直接影响读者的情感、思维、分析、判断，促使读者通过视觉的观赏、触觉的感受，唤起符合读者心理的情感，使这种情感又进一步触发积极的阅览行为。优化阅读环境，浓厚阅读氛围，更加注重人文化、人性化，使图书馆的文化属性与文化氛围相契合，既体现环境的高雅肃然，又展现文化韵味。

（二）品牌文化活动

图书馆文化活动应体现知识的丰富性和学术的高端性，开设文化大讲堂，邀请校内外研究专家、知名校友、社会人士举办专题讲座，发挥其文化传承、交流、融合、提升的功能，使师生浸润其中，感悟文化、接受教育得到启迪。开展读书月、书友会、读书征文、诵读经典、图书漂流等活动，吸引师生广泛参与，积极营造读书明理、读书求知、读书成才的良好氛围。

（三）优化阅读服务

丰富馆藏资源，重视书刊资源的增加和特色文献的订阅，加强专门化的数据库建设，进一步拓展数字图书馆建设，为师生学习、科研提供便利条件。畅通接入服务渠道，优化阅读服务流程，推介入藏书目，为师生读者提供“一站式”服务，使图书馆成为师生获取知识的重要渠道和最佳的阅读场所。

第五章　用社会主义核心价值观引领高校社会思潮

随着全球化和改革开放事业的不断深入，我国各行各业呈现出欣欣向荣、突飞猛进的良好发展势头。但是，由于经济体制变革，社会结构变动，利益格局调整，加上国际与国内思想文化的交融与碰撞，致使人们思想观念发生了深刻变化，其中一个不容忽视的因素就是当代社会思潮对社会大众的影响，它是社会变动对人们影响的中介，直接影响着人们思想观念的变化。

社会思潮作为一种社会意识形态，是社会存在在人们头脑中的综合反映，它建立在一定社会物质经济关系基础之上，并且由社会存在所决定，其中经济因素起决定作用，政治和思想文化等因素发挥重要作用。学术界对社会思潮的定义众多，如："社会思潮是在特定历史环境中，以某种思想理论为支撑，以动态形式反映一定阶级、阶层或社会群体的思想、愿望、利益和要求的思想潮流。"①再如："所谓社会思潮，一般是指在一定时期内、反映某一阶级或阶层利益和要求的、得到广泛传播并对社会生活产生某种影响的思想趋势或思想潮流。"②可见，对社会思潮的定义目前还没有统一定论。为了更全面把握社会思潮定义的广度和深度，我们这里给其下这样一个定义：所谓社会思潮，是指在某一时期内，反映某一阶级或阶层群众利益和要求的，以某种理论为主导和依据，并反映当时社会政治情况而且有较大影响的思想潮流，它是以一定的社会存在为基础，以相应的意识形态为理论核心，并与某种社会心理发生相互影响、相互制约、相

① 邓卓明.论社会思潮的类型与特征[J].西南师范大学学报(人文社会科学版),1995(2):14-19.

② 赵曜.当代中国社会思潮透视[J].中国特色社会主义研究,2002(1):36-41.

互渗透作用的思想潮流。一般来说，重要的社会思潮具有群体性、政治性、现实性、重复性、动态性和可引领性等特征。在中国，当代社会思潮是改革开放以来中国特定社会存在的产物，是在中国特色社会主义市场经济条件下反映一定阶级、阶层和群体的利益和要求，且社会观点、价值取向和社会倾向（相同或相近）得到了广泛的传播，并对社会生活产生了一定的影响和作用的重大思想潮流。

第一节　当代社会思潮在大学生群体中形成与传播的过程

习近平总书记在纪念五四运动100周年大会上明确指出，新时代中国青年要自觉树立和践行社会主义核心价值观，善于从中华民族传统美德中汲取道德滋养，从英雄人物和时代楷模的身上感受道德风范，从自身内省中提升道德修为，明大德、守公德、严私德，自觉抵制拜金主义、享乐主义、极端个人主义、历史虚无主义等错误思想，追求更有高度、更有境界、更有品位的人生，让清风正气、蓬勃朝气遍布全社会。他还强调，当代青年思想活跃、思维敏捷，观念新颖、兴趣广泛，探索未知劲头足，接受新生事物快，主体意识、参与意识强，对实现人生发展有着强烈渴望。这种青春天性赋予青年活力、激情、想象力和创造力，应该充分肯定。同时，青年人阅历不广，容易从自身角度、从理想状态的角度来认识和理解世界，难免具有一定的局限性。由于大学生群体是一个特殊的社会群体，有其自己独特的心理、思想和行为特征。因此，深入了解和把握当代大学生的心理、思想和行为特征，从心理、思想和实践三个层面来探讨当代社会思潮在大学生群体中形成与传播的过程，不仅有助于深刻把握大学生社会思潮产生与传播的动向，而且有利于选择恰当的思想政治工作方式对大学生进行思想引领。

一、从心理层面探讨当代社会思潮在大学生群体中形成与传播的过程

任何人首先都要经过复杂的心理过程才能完成对外界事物的认识和把握，大学生群体也不例外，他们除了具有共性心理特征之外，还具有独特的自我心理特征，因此对大学生社会思潮的心理层面研究是探讨当代社会思潮在大学生群体中形成与传播过程的基础。

（一）认知过程

人的心理活动过程，首先是从认知开始的，认知是人脑对客观现实的信息加工，是人们掌握知识、形成技能、发展智力、培养能力和提高道德思想水平的最重要和最基本的过程。外界事件或思想首先刺激人的感觉器官，形成感觉材料，然后进入人的大脑，大脑会根据已有的知识结构、经验或观念对其进行信息加工，即分析、了解和评价，外界事件或思想的输入及大脑对其进行分析、了解和评价的过程就是认知过程，它是人们同外界进行接触与交流的首要条件，也是人们情感产生、价值取向形成和综合态度形成的基础。

大学生对社会思潮的认知过程同样如此，有关社会思潮方面的信息首先经过不同途径以感觉材料的方式进入大脑，然后大学生根据自己的已有知识和思想观念对其进行分析、了解和评价。因为人的认知具有选择性，人们往往根据刺激物的价值大小或社会意义性质来选择性地进行认知，所以当大学生接触到不同的信息时，他们只对一些对自己影响较大、同自己观念趋同，甚至能够产生共鸣的信息更感兴趣。大学生的年龄基本上在18到24岁之间，这一阶段，大学生心理变化最激烈，是其心理发展和成长的困惑期，身体发育虽然很快，但身心发展极不平衡，心理成熟严重滞后于生理成熟。这些独特的心理特征决定当代大学生在对社会思潮的认知过程中具有盲目性和逆反性的特点。第一，盲目性。除了通过思想政治理论课和其他途径经常接触的社会主义主流意识形态，社会上不可避免地存在着

其他一些纷繁复杂的非主流社会思潮，部分大学生出于好奇心，会盲目去追求一些非主流社会思潮。第二，逆反性。当代大学生能够拥护共产党的领导，认为社会主义是适合中国国情的，能够坚持主流的社会思想，但是有部分学生由于心理激烈变化且不成熟，加上他们缺乏明辨和理论分析能力，所以在社会思潮认知的过程中，对主流社会思潮产生逆反心理，如部分学生盲目崇拜西方发达国家的生活方式和社会制度等。从大学生了解社会思潮的心理机制来看，他们往往更多的是出于好奇和关注热点问题，以感性和生活化的方式，而不是因为其正确的观点和系统的理论去了解学习某种社会思潮。因此，各类社会思潮传达给学生的思想观点就呈现出零星化和碎片化，使得大学生无法从宏观上把握其实质。

（二）情感的产生

在对外界事件或思想进行认知过程中，人们会对其产生情感，凡是能够满足人的需要或符合人的愿望的事物，就使人产生肯定态度，相反，凡是不符合人们需求或与人们意愿相悖的事物，则会使人产生否定的态度。

大学生正处在青年期，具有青年人共有的情感特征，情感丰富、体验深刻、情绪波动大等。但是由于这一群体具有自己独特的社会地位、知识水平、心理发展特点等，使得他们的情感具有自己鲜明的特征。第一，对人和外界事物十分敏感、关注。第二，执着，大学生对公平、正义、爱情和友谊等十分执着。第三，爱思考、分析和辩论问题。第四，容易冲动，感情用事。大学生由于情感体验深刻且强烈，在外界事物的刺激下，他们感情容易外露，容易感情用事。在对不同社会思潮的认知过程中，由于大学生具有较高的知识素养和智力水平，加上社会和家庭等对自己的高要求和高期望值，使得大部分学生对国家主流社会思潮能够保持相对稳定的情感，他们拥护社会主义，对祖国、社会和集体具有深厚的情感，而且具有强烈的民族自尊心和自豪感。然而，生活和学习的挫折，激烈的竞争和就业压力以及理想与现实的矛盾，导致部分学生的自我意识容易产生分化，加上大学生的社会性发展尚未成熟，致使他们在思想认识上容易困惑彷徨，不能对具体的非主流社会思潮进行全面客观的分析。

（三）价值取向的形成

每一个人的价值取向不是生来就有的，而是在社会交往过程中不断形成的，价值取向是认知与情感的深层次心理变化，一般而言，当人们对某种事物、思想或现象持肯定态度或视其为有价值，那么这些事物、思想或现象就会成为人们的兴趣所在、目的所在，即人们对具体事物的价值取向得以形成。这一价值取向的形成，会对人们以后处理取舍与好恶、个人与社会以及理想与现实等问题产生较大的心理影响，甚至会决定一个人的人生理念。

当今社会，人们的生活方式趋于多元化，不同的道德观念、价值取向、生活理念在社会生活中并存，尤其对大学生群体而言更是如此，他们的思想活动具有独立性、选择性、多变性、差异性和包容性等特点。在面对纷繁复杂的社会思潮时，他们在价值评判和价值取舍上有了更多的参照，由于他们有时不能很好地处理个人与社会、理想与现实的矛盾，致使他们偶尔也会出现价值取向困惑和迷茫现象。如在现实生活和学习过程中，出现极端个人主义、功利主义和拜金主义等扭曲的价值取向。习近平总书记在纪念五四运动100周年大会上的讲话中明确指出，“新时代中国青年要自觉树立和践行社会主义核心价值观，善于从中华民族传统美德中汲取道德滋养，从英雄人物和时代楷模的身上感受道德风范，从自身内省中提升道德修为，明大德、守公德、严私德，自觉抵制拜金主义、享乐主义、极端个人主义、历史虚无主义等错误思想，追求更有高度、更有境界、更有品位的人生，让清风正气、蓬勃朝气遍布全社会！”

（四）个体综合态度的形成

对外界事物的认知、情感的产生和价值取向的形成是个体综合态度形成的基础，也是个体心理反应的进一步深化。一般来讲，态度是个人指向一定对象，以一定观念为基础的、评价性的持久反应倾向，它决定着人们在现实生活环境中注意什么样的对象，决定着人们怎样加工有关对象的信息，决定着人们对有关对象的体验，也决定着人们对有关对象进行反应的先定倾向。由于一个人综合态度的形成过程与人的社会化过程是同步的，因此个体综合态度是个人在社会化过程中受到各种直接或间接因素的影响且经过相当长一段时间的孕育逐渐形成的。一旦个人综合态度形成以后，就会比较持久和稳固，且成为个人性格的一部分，并影响人的整个思想和行为方式。而个体综合态度的形成与转变又是个复杂的过程，可分为服从、认同和内化三个不同层次。

大学生在经过对具体社会思潮的认知、情感的产生和价值取向的形成后，对具体的社会思潮必然会形成一种倾向性的心理状态，即对具体社会思潮的综合态度的形成。这种综合态度的形成是一个长时间的孕育过程，而且由于不同大学生对不同社会思潮产生不同的情感和价值取向，致使大学生对某些具体社会思潮的态度又有着不同的层次，有的可能只是服从阶段，有的可能是同化阶段，而有的可能已经达到了内化阶段。比如：社会主义核心价值观在大部分大学生中已经深入人心，他们不是盲目被动地接受党的理论和各项方针政策，而是自愿地接受，且能够把马克思主义中国化的理论纳入自己的态度体系当中，实现了对社会主义主流思潮的同化，甚至内化。

二、从思想层面探讨当代社会思潮在大学生群体中形成与传播的过程

心理层面是当代社会思潮在大学生群体中形成和传播的首要条件，也是大学生思想观念形成的基础。但是，心理层面具有不可靠性的特点，它缺少稳定的、系统的价值观，缺少坚定的理想和信仰。

（一）价值观

价值观是有关价值和价值关系的一种观念系统，是实践主体以自身的需要为尺度对客体重要性的认识。通俗地讲，价值观就是一个人把什么样的事物看得最重要、最有意义、最有价值的看法和态度，而在价值观系统中占主导地位的是人生价值观，它是人们对自身的社会地位、人生目的、

意义以及个人与社会集体、人与人之间关系等进行认识和评价时所持的基本观念。人生价值观是人们思想观念的初步建构，不是稳定不变的，它随着个人认识的提高、客观环境的变化以及历史的变迁而不断变化，人的价值观虽是变化的，但它是相对稳定的，因为人的价值观是人生观的核心，一个人的人生观一经形成，就具有相对的稳定性，会影响人的一生，因此它决定着一个人价值观的相对稳定性。此外，在具体的社会形态中，一个社会的主导价值观是稳定的，这也决定着个人价值观的稳定性。

当代大学生生活在科学技术的飞速发展的时代，大学生群体获取外界信息的途径多、速度快且信息量大。大学生价值观总的发展方向是越来越科学的，马克思主义价值观已是当代大学生价值观的主流，是符合时代发展潮流的，与社会主义发展方向也是一致的。在纷繁复杂的社会思潮下，当代大学生能够坚持社会主义核心价值体系，认识自我的真正价值。但也有部分大学生价值目标出现明显的现实化和短期化，不能把个人价值目标同社会价值目标结合起来。

（二）理想

价值观是人们思想观念的初步建构，进一步深化人们的价值观是人们思想层面变化的重要一步，而深化的价值观就形成了人们对现实社会未来方向或状态的描述，即理想。理想是人类特有的一种思维方式，是人们基于一定的价值观并建立在现实基础上的实践目标，是合乎必然性的向往和想象。人们在现实生活过程中，为了满足各种需要，总会抱有各种理想去改变现实，而在新的现实条件下，又会产生新的理想。一般而言，理想不是单一的，它具有多样性，从理想的内容来看，可以分为生活理想、职业理想和社会理想等；从理想的长远来看，又可以分为近期理想、长远理想以及阶段理想等；从理想的结构来看，又可分为个人理想、集体理想和国家理想等。马克思主义认为理想作为一种社会意识形态，不是人们生来就有的，它是人们在认识世界和改造世界的过程中不断形成的，在阶级社会中，理想具有一定的阶级性，什么样的社会就会产生什么样的理想，在等级森严的封建社会，理想带有等级的封建色彩，而在资本主义社会，理想就带有最大限度的私有化倾向。纵观历史进程，只有马克思主义诞生以后，一种新的社会理想，即消灭剥削、消除贫穷与消灭压迫的共产主义才是人类最科学、最崇高、最美好的社会。共产主义作为一种美好的社会形态，它是马克思和恩格斯在长期理论与实践过程中，用辩证唯物主义和历史唯物主义分析总结的结果，它是社会发展的必然趋势，是完全符合社会发展规律的，而社会主义正是通向这一人类社会最高理想的必备阶段。

大学生作为祖国的未来，必须把共产主义作为自己的最高理想。正如邓小平所说："为什么我们过去能在非常困难的情况下奋斗出来，战胜千难万险使革命胜利呢？就是因为我们有理想，有马克思主义信念，有共产主义信念。"①

（三）信仰

理想具有多样性、结构性和层次性的特点，而信仰是发自内心地对理想高度的信任。信仰是人们的精神支柱，科学的信仰具有精神性、坚定性、持久性和凝聚性的特点。对共产主义的信仰，是坚定人们信心、凝聚民族力量、团结一致往前看的关键所在。大学生是社会主义和共产主义的接班人，人类美好的共产主义社会理想道路能否继续往前推进，关键靠他们，因此在大学生群体的思想认识上，能否把对共产主义的认识上升到信仰层面，是决定他们能否真正为共产主义奋斗终生的基础。正确引导大学生的心理和思想认识，使其在思想认识上最终能够上升到科学的信仰层面，进而坚定思想、凝聚人心，才能不断增强大学生对马克思主义和共产主义事业的坚定性和持久性，更好地服务于中国特色社会主义事业的伟大建设。

三、从实践层面探讨当代社会思潮在大学生群体中形成与传播的过程

如果说上面探讨的是当代社会思潮在大学生群体中的心理活动与思想

① 邓小平文选：第3卷[M].北京：人民出版社，1993：110.

活动，那么实践层面探讨的则是当代社会思潮在大学生群体中的思想外露，因为大学生的行为、社会参与和表达能真正呈现出大学生群体受当代社会思潮影响的心理状态和思想状态。大学生的行为与表达和社会参与是受其心理和思想支配的，同时，其行为与表达同社会参与也影响着他们的心理和思想发展，两者相互作用。

（一）行为与表达

所谓行为，是机体外观的活动，如言语、表情、举止、反应、动作等。从根本上说，行为就是一个人的言和行。通俗地讲，行为就是指受思想支配而表现出来的外表活动。一般来说，行为具有目的性、能动性、预见性、程序性、多样性的特点。而表达则是将思维所得的成果用语言反映出来的一种行为，以交际、传播为目的，以物、事、情、理为内容，以语言为工具，以听者、读者为接收对象。

大学生行为是指大学生在大学期间或大学毕业后真正脱离校园之前的一段时间内所付出的行动（包括物质和精神上的）及其在社会各领域（经济、政治、文化和教育等）所引起的效应。根据产生的作用范围，可将其分为局域性行为、区域性行为和社会性行为。在当代，由于大学生思想政治状况主流是健康、向上的，能做到坚持主流社会思潮，因此在具体学习和生活上，他们积极进取、开拓创新、团结同学、助人为乐，在区域性和社会性行为上，他们积极弘扬以爱国主义为核心的民族精神和以改革创新为核心的时代精神。

（二）社会参与

大学生具有强烈的自尊心和自信心，国家、社会和家庭对他们的高期望值促进了他们的社会参与意识。同时，由于社会各方面深刻调整与变革，激发了大学生的社会参与意识，使得大学生们把注意力更多地投入到社会现实当中。大学生进行社会参与是其社会化的重要基础，主要包括政治参与和经济文化活动参与两个方面。当代大学生政治参与的主要方式有网页和论坛、参加政党或政治性团体的活动和进行一些社会调查，向有关部门反映情况等也是大学生政治参与的重要形式。大学生从事经济文化活动参与则主要是指大学生从事的各种社会实践活动，包括勤工俭学、志愿服务、“三下乡”、专业实习，等等。可见，无论是大学生政治参与还是经济文化活动参与都具有多样性的特点。

当代大学生生活在改革开放的新时代，社会各方面正处在深刻变革与发展的转型阶段，大学生面临着前所未有的竞争与就业压力。因此，他们开始重新定位自己在社会中的角色，不断转向关心自我生存与发展问题。特别是在社会主义主流社会思潮的影响下，他们努力把社会参与作为一种体验型的活动，不断了解社会、理解社会、适应社会，为以后更好的成长成才和服务社会主义现代化建设打下牢固的基础。

第二节　用社会主义核心价值观引领社会思潮

大学生是当代社会思潮的主要载负者之一，大学生社会思潮的变化动向直接影响整个社会的思想流变。因此，积极探索引领大学生社会思潮的有效途径，不仅有利于大学生自身的成才与发展，而且对优化高校思想政治工作内容和维护社会的繁荣稳定都具有十分重要的意义。

一、加强大学生对当代社会思潮的清醒鉴别

当代社会思潮是当代社会发展进程的精神表现，反映了不同阶层、不同群体在激烈的社会变革之中的感受、经验和愿望。在当代中国，社会思潮可以划分为马克思主义思潮和非马克思主义思潮，作为大学生群体，不能简单地予以肯定或否定，而应该从整体上对其进行科学的认识和判断，然后予以区别对待和处理。

马克思主义不是僵硬不变的，也不是教条的，而是一个开放和不断发展的体系，所以我们应结合当代中国特色社会主义建设的国情，不断发展创新马克思主义理论品质，更好地服务于现代化建设。习近平总书记在纪

念马克思诞辰200周年大会上明确指出，实践证明，马克思主义的命运早已同中国共产党的命运、中国人民的命运、中华民族的命运紧紧连在一起，它的科学性和真理性在中国得到了充分检验，它的人民性和实践性在中国得到了充分贯彻，它的开放性和时代性在中国得到了充分彰显。同时，马克思主义为中国革命、建设、改革提供了强大思想武器，使中国这个古老的东方大国创造了人类历史上前所未有的发展奇迹。历史和人民选择马克思主义是完全正确的，中国共产党把马克思主义写在自己的旗帜上是完全正确的，坚持马克思主义基本原理同中国具体实际相结合、不断推进马克思主义中国化是完全正确的。由于马克思主义本身就是一个开放的体系，它是在吸收和借鉴人类优秀的文化成果的基础上建立的，因此我们要采取积极的态度吸收利用其他非马克思主义的理论成果，不断发展马克思主义。

二、优化当代社会思潮在大学生群体中的传播途径

如果社会和高校能够有机结合起来，优化当代社会思潮的传播途径，不仅有利于增强大学生们对当代主流社会思潮的认同感，为他们创造良好的舆论环境，而且还有助于提高他们的整体思想道德素质。

2016年2月19日，习近平总书记在党的新闻舆论工作座谈会上指出，在新的时代条件下，党的新闻舆论工作的职责和使命是：高举旗帜、引领导向，围绕中心、服务大局，团结人民、鼓舞士气，成风化人、凝心聚力，澄清谬误、明辨是非，联接中外、沟通世界。要承担起这个职责和使命，必须把政治方向摆在第一位，牢牢坚持党性原则，牢牢坚持马克思主义新闻观，牢牢坚持正确舆论导向，牢牢坚持正面宣传为主。他还明确强调，党的新闻舆论工作坚持党性原则，最根本的是坚持党对新闻舆论工作的领导。党和政府主办的媒体是党和政府的宣传阵地，必须姓党。党的新闻舆论媒体的所有工作，都要体现党的意志、反映党的主张，维护党中央权威、维护党的团结，做到爱党、护党、为党；都要增强看齐意识，在思想上政治上行动上同党中央保持高度一致；都要坚持党性和人民性相统

一，把党的理论和路线方针政策变成人民群众的自觉行动，及时把人民群众创造的经验和面临的实际情况反映出来，丰富人民精神世界，增强人民精神力量。新闻观是新闻舆论工作的灵魂。要深入开展马克思主义新闻观教育，引导广大新闻舆论工作者做党的政策主张的传播者、时代风云的记录者、社会进步的推动者、公平正义的守望者。

规束当代社会思潮的校园传播途径。大学课堂是大学生学习与接收知识的主要场所，规束当代社会思潮的课堂传播途径势在必行。要把大学课堂，尤其是思想政治理论课变成马克思主义思想文化的阵地。我们知道高校思想政治理论课教师处在传播马克思主义理论知识的最前线，他们通过思想政治理论课和相关报告与讲座向无数大学生不断传播理论知识。他们思想政治理论水平的高低直接决定着整个课堂、报告和讲座的实效。习近平总书记在学校思想政治理论课教师座谈会上明确强调，办好思想政治理论课关键在教师，关键在发挥教师的积极性、主动性、创造性。思政课教师，要给学生心灵埋下真善美的种子，引导学生扣好人生第一粒扣子。第一，政治要强，让有信仰的人讲信仰，善于从政治上看问题，在大是大非面前保持政治清醒。第二，情怀要深，保持家国情怀，心里装着国家和民族，在党和人民的伟大实践中关注时代、关注社会，汲取养分、丰富思想。第三，思维要新，学会辩证唯物主义和历史唯物主义，创新课堂教学，给学生深刻的学习体验，引导学生树立正确的理想信念、学会正确的思维方法。第四，视野要广，有知识视野、国际视野、历史视野，通过生动、深入、具体的纵横比较，把一些道理讲明白、讲清楚。第五，自律要严，做到课上课下一致、网上网下一致，自觉弘扬主旋律，积极传递正能量。第六，人格要正，有人格，才有吸引力。亲其师，才能信其道。要有堂堂正正的人格，用高尚的人格感染学生、赢得学生，用真理的力量感召学生，以深厚的理论功底赢得学生，自觉做为学为人的表率，做让学生喜爱的人。其他各门课程都要守好一段渠、种好责任田，使各类课程与思想政治理论课同向同行，形成协同效应。

三、把握当代社会思潮在大学生群体中形成与流变特点

思想政治教育要善于把握社会思潮在当代大学生群体中的走向和脉搏，理清特定历史时期大学生的心理、思想和行为特征，深入了解和把握当代不同社会思潮在大学生群体中形成与流变特点，不断选择恰当和实效的思想政治教育方式来引领社会思潮。

（一）呼应和调试大学生的社会心理需求及心理表达

大学生是一个特殊的社会群体，培养大学生和谐的社会心态是引领当代大学生社会思潮朝着健康方向发展的基础。为此，我们必须善于把握大学生社会心态嬗变的规律与特征，规制正确的社会认知，调节健康的社会情感，明确正确的价值取向，引导健康的社会舆论，使大学生的社会心理朝着社会心态的有序整合和变迁的方向发展，朝着社会心态的各要素间彼此协调的方向发展，最终使得当代主流社会意识形态在大学生群体中能够产生建设性的轰动效果。

（二）模塑社会主体和大学生个体主体的价值取向和理想信仰

大学生是走向人生成熟阶段的关键阶段，他们的世界观、人生观和价值观尚未完全确立，深入把握大学生群体思想特征，不断整合各种价值取向，帮助大学生确立正确的世界观、人生观和价值观，以促进大学生个体主体的理性发展，使其沿着主流社会价值取向走，同时确立理性务实的社会理想，不断追求崇高志坚的精神信仰，使他们既能朝着建构理性选择模式、确立主体理性发展模式的方向走，又能把个人和社会、国家紧密结合起来，为崇高志坚的理想信仰而奋斗。

（三）规束大学生的行为、表达和社会参与，建构合理的生活方式

正因为大学生群体具有独特的心理和思想特征，所以他们也拥有独特的行为、参与和表达方式。鉴于此，我们应该选择恰当的思想政治教育方

式引导大学生去建构一种符合主流思想文化需要的生活方式。坚决避免思想和行为的脱节，加强宣传思想工作，让主流意识形态在引导大学生思想基础上不断与新型文化方式交锋、互动，以达到互相前进、不断引领的目的。

四、用社会主义核心价值观引领社会思潮

党的十九大报告提出“牢牢掌握意识形态工作领导权”，这对于新时代坚持和发展中国特色社会主义具有重大意义。牢牢掌握意识形态工作领导权，需要立足意识形态领域斗争依然复杂的客观实际，认识把握意识形态工作发展态势。作为社会生活的重要主体，大学生始终是社会思潮的主要载负者之一。因此，加强高校思想政治工作，主动引领社会思潮是时代赋予我们的重要任务，也是当前高校思想政治工作的重要内容之一。

（一）敢于面对，不回避，并积极回应

当代社会思潮纷繁复杂，作为高校思想政治工作者和大学生群体来讲，应该积极面对，而不是回避。只有用“尊重差异”和“包容多容”的心态来面对，才能更好地去回应。回应不是被动的回应，同样要采取主动方式，要用有理有据的理论来对其进行客观评价和批判引导。马克思主义是科学的世界观和方法论，我们在坚持马克思主义指导地位的同时，应该用马克思主义的研究方法对各种社会思潮进行合理评价和主动回应。一是要高度重视社会思潮在整个社会系统中的功能作用，深刻把握其在大学生群体中形成与传播的特点，而不是被动应付，盲目评判，更不是熟视无睹，听之任之；二是要敢于正视社会思潮反映的社会具体问题，用马克思主义唯物史观等对当代非主流社会思潮予以有针对性的回应，不断实现大学生对当代主流社会思潮重要性和合理性认识的内化程度，进而达到发挥社会主义核心价值观的引领作用。

（二）创新工作方式方法，发挥社会主义核心价值观引领作用

任何一个社会，人们在长期认识世界和改造世界的历史创造活动中，必然形成一定的价值观念体系。其中，居于核心、统摄和支配地位，起着主导和统领作用的即核心价值体系。社会主义核心价值体系是社会主义意识形态的本质体系，是中国特色社会主义的主导价值取向，它对于整合社会多样化的价值观，建设中国特色社会主义文化具有重要的意义。由于“一元”的社会主义核心价值观与多样化的社会价值观是矛盾统一的有机体，所以在对社会思潮进行疏导的过程中，要坚持破中有立，立中有破，运用马克思主义分清是非，努力消除各种非主流社会思潮对大学生思想的消极影响。同时，要推进理论创新、深入宣传，增强核心价值观的说服力、感染力、影响力和竞争力，不断创新工作方式方法。通过开展小型座谈会、专题讲座和实地参观等，使得大学生能够实现理论与实践相结合，达到真学、真信、真懂、真用，从而不断提高他们明辨是非的理性思维能力，自觉抵制各种不良社会思潮的影响和侵蚀，最终达到社会主义核心价值观的引领目的。

（三）把解决思想问题和解决实际问题有机结合起来

把解决思想问题和解决实际问题有机结合起来，做到既讲道理又摆事实，既以理服人又以情感人，真正做到大处着眼，小处着手。大处着眼就是认真研究大学生思想发展的规律，把握大学生思想问题的症结，研究大学生活中所遇到的共性问题，包括道德观问题、理想问题、生活问题、学习问题、择业问题、恋爱问题、人际关系问题，等等。深入了解这些思想问题出现的原因，联系实际采取有效措施，加强对大学生进行理想信念教育、爱国主义教育、公民道德教育和素质教育，引导他们形成正确的世界观、人生观和价值观。同时，要做到“贴近生活，贴近实际，贴近学生”即小处着眼，从解决大学生学习、生活中所遇到的具体问题入手，使得大处着眼不至于令人感到空泛乏味。

（四）发展完善马克思主义，使腐朽思潮不击自垮

马克思主义不是静止不动的，而是一个不断发展完善的科学理论体系，它本身就具有与时俱进的特点。因此，坚持马克思主义，要避免教条主义和经验主义，要不断推进理论创新，使马克思主义中国化、时代化，使之成为解决大学生面临种种问题的锐利思想武器。马克思主义的不断发展和完善，不但是解决大学生思想出现新问题的需要，更是不断巩固马克思主义"一元"主导的必然要求。

总而言之，当代社会思潮对大学生的影响及对策研究是当前大学生思想政治教育的重要内容。我国正处在社会发展的转型阶段，社会生活的各个方面都在不断地调整与变化。在整个社会发展的大背景下，我们必须勇于面对当代纷繁复杂的社会思潮，以马克思主义为指导，立足于当前建设中国特色社会主义的伟大实践，从源头出发，清醒地甄别当代不同社会思潮，优化其传播途径，深入了解大学生自身的心理、思想和行为特点，不断创新高校思想政治教育的具体方法和途径，切实增强高校思想政治工作的针对性和实效性，更好地培养德智体美劳全面发展的社会主义建设者和接班人。

第三节　大数据场域高校开展社会主义核心价值观教育的"危"与"机"

党的十九大报告明确指出："社会主义核心价值观是当代中国精神的集中体现，凝结着全体人民共同的价值追求。"青年时代处在社会主义核心价值观的形成期。习近平总书记在2013年同各界优秀青年代表座谈时的讲话中指出："历史和现实都告诉我们，青年一代有理想、有担当，国家就有前途，民族就有希望，实现我们的发展目标就有源源不断的强大力量。"[①]青年大学生朝气蓬勃、好学上进、视野宽广、开放自信，是可爱、

① 十八大以来重要文献选编：上［M］.北京：中央文献出版社，2014：277.

可信、可为的一代。高校是践行社会主义核心价值观的前沿阵地，加强对高校大学生社会主义核心价值观教育，引导广大学生践行社会主义核心价值观，不仅是“立德树人”的价值旨归，也是高校肩负的重要使命。

一、何谓大数据场域

信息技术的迅猛发展使人类逐步走进大数据时代。大数据时代的来临，不仅对人类的生活方式产生深远变革，也对人类的思维方式产生颠覆性影响。目前，学术界对大数据的定义莫衷一是。美国国家科学基金会（NSF）认为，“大数据”是“由科学仪器、传感设备、互联网交易、电子邮件、音频视频软件、网络点击流等多种数据源生成的大规模、多元化、复杂、长期的分布式数据集。”①维克托·迈尔·舍恩伯格和肯尼思·库克耶认为，大数据是“一种前所未有的方式，通过对海量数据进行分析，获得有巨大价值的产品和服务，或深刻的洞见。”②从以上定义可以看出，大数据是以海量数据为前提的，但并不是海量数据的简单堆积。大数据具备三个显著特征，即数据之间的关联性、数据的价值性、实时处理。“大数据就是新的石油，谁掌握了它就掌握了主动权”，虽有夸大其词之嫌，却也能从侧面说明大数据的分析方式对经济、政治、文化、社会等各方面带来的变革。

“场域”是一个社会学概念，法国社会学家布迪厄认为，场域指的是“在各种位置之间存在的客观关系的一个网络（net-work），或一个构型（configuration）”，③“高度分化的社会是由大量具有相对自主性的独立小世界构成，这些小世界按照自身逻辑和必然性组成自主空间，形成各自不

① 王超.大数据时代我国意识形态安全探析[J].学术论坛，2015(1)：18-22.

② 维克托·迈尔·舍恩伯格，肯尼思·库克耶.大数据时代：生活、工作与思维的大变革[M].盛杨燕，周涛，译.杭州：浙江人民出版社，2013：4.

③ 布迪厄，华康德.实践与反思——反思社会学导引[M].李猛，李康，译.北京：中央编译出版社，1998：133-134.

同的场域。”[①]场域也被认为是一种思维方式，它具备活跃的思维和生成构建能力，是观察社会现象的全新视角。社会成员可以按照特定的逻辑和预设去建构场域这一社会成员生存和发展的重要场所，且每个场域都有与众不同的价值观和调控原则。大数据场域意味着它可以按照人们的生活逻辑和必然性空间，以数字的方式反映人们现实的生活环境、人的情感、行动以及深层次的价值观。当前，高校社会主义核心价值观教育的环境发生了重要变化，其中之一便是高校校园逐渐实现数字化。高校社会主义核心价值观教育环境的变化必然会对教育者和教育对象产生影响，思想政治工作者如何面对大数据浪潮，如何运用大数据分析教育对象的思维方式、行为方式、兴趣偏好、价值取向，是广大思想政治工作者值得深入研究的问题。因此，研究大数据给传统的社会主义核心价值观教育带来影响，是取得社会主义核心价值观教育效果的关键。分析大数据场域给高校社会主义核心价值观带来的“危”与“机”，更是我们在大数据时代做好大学生社会主义核心价值观教育的前提和基础。

二、大数据场域社会主义核心价值观教育之“危”

党的十八大的“三个倡导”是社会主义核心价值观的基本内容，其中“富强、民主、文明、和谐”是国家层面的价值准则，“自由、平等、公正、法治”是社会层面的价值准则，“爱国、敬业、诚信、友善”是个人层面的价值准则。在大数据时代，培育和践行社会主义核心价值观的重点和难点在于如何做到认知认同和知行合一。当前，我国社会正处于转型期，人们思想的多变性、选择性、独立性和差异性特点突出，社会主义核心价值观的培育和践行面临着诸多困难。大数据时代价值的多元化、大数据泄露风险、技术壁垒和大数据真实性等都给社会主义核心价值观教育带来挑战。

① 王越芬，曲长海．场域视角下社会主义核心价值观生活化研究[J]．科学社会主义，2018(4)：47-52.

（一）价值多元化增加社会主义核心价值观教育难度之“危”

在自媒体时代，人人都有麦克风，人们既是信息的接收者，又是信息的生产者和传播者。社会主义核心价值观教育的传播方式由原来的单一向度变为双向互动，由单向性传播变为点对点传播。教育者的专业性和权威性在一定程度上被消解。教育者和教育对象之间的关系得到重塑。大数据海量信息的碎片化使得教育对象存在“选择疲劳”和“选择迷茫”，互联网中存在着各种多元价值观，冲击和影响了社会主义核心价值观的主导地位，使教育对象在认识上出现一定程度的偏差，社会主义核心价值观等主流价值观的话语权被削弱或消解。

（二）大数据泄露增加伦理道德和法律风险之“危”

近年来在世界范围内，商业领域多次出现过用户数据泄露事件，如脸书、雅虎等大型公司用户信息被窃。大数据的隐私保护问题日益凸显，因个人信息泄露导致遭遇不法分子的精准诈骗等问题层出不穷。由于大数据的重要特点之一就是数据的价值性，数据在一定程度上意味着利益。在如何加强数据监管，预防数据独裁，加强大数据库或平台使用者伦理意识等方面显得极为重要。大数据信息的采集不少是在被采集对象不知情的情况下进行的，如何在获取有价值信息的同时又不侵害被采集对象的隐私权，是思想政治工作者今后从事大数据工作应当解决的问题。

（三）大数据技术的运用给思想政治工作者设置了技术壁垒之“危”

了解和精通大数据技术是使用大数据的前提。当前，高校数据搜集总体意识不强，技术人才匮乏，运行成本偏高，大数据在教育领域的运用范围与在商业领域相比还不够广泛和成熟，在数据的横向保存和纵向共享等方面经验还不够，校内技术资源的整合能力偏弱，大数据平台的搭建目前尚属于探索阶段。部分思想政治工作者由于专业背景的缘故，对大数据的应用技术、原理、运行机制等都不够熟悉，运用大数据分析的理论素养不强，这些都是制约思想政治工作者使用大数据分析的障碍。

（四）大数据的真实性影响思想政治工作者的科学决策之“危”

大数据自身的容错率会导致预测和决策出现错误的可能性。由于大数据的操作者总是带有一定的立场、原则和价值倾向，使得操作者可能出于某种目的修改大数据，使数据的分析结果朝着有利于自己的方向发展。此外，数据素养、操作技术、科学方法是有效分析大数据的影响因素，倘若分析者不具备这三者，大数据得出的效果也会大打折扣。同时，在大数据分析时，思想政治工作者要避免盲目推崇大数据，唯“大数据至上”，将大数据视为灵丹妙药，不分场合、不分时段将其照搬照抄生搬硬套在任何场景。

三、大数据场域社会主义核心价值观教育之“机”

（一）大数据为社会主义核心价值观教育带来了新理念之“机”

“大数据不仅仅是一种技术工具，更是一种思维和方法论。”[①]大数据时代的到来使人们重新认识到数据的威力，使事物的因果联系和相关性通过数据的形式完整呈现在人们眼前，在采集的全部数据中，人们可以根据自身需要从繁杂的大数据中挖掘、提炼有价值的信息，作为指导实践的重要依据。调查学生对社会主义核心价值观某一方面的态度和观点时，传统的做法通常是采取调查问卷、座谈访谈等形式，其效果往往不佳。但现在却可以借助网络设置微话题、微方案、微直播、微公益宣传，然后通过大数据分析了解学生的参与度和活跃度，并具体分析出哪一类的活动更受学生欢迎，哪一类活动效果不佳，从而有针对性地改进活动的内容和形式。

（二）大数据为社会主义核心价值观教育带来了新资源之“机”

大数据时代，社会主义核心价值观教育的资源极为丰富。教育资源的

① 王功敏.大数据时代大学生思想政治工作导向力研究[J].思想理论教育导刊，2018(2)：137-140.

储存更加方便和高效，大批量的文本、音频、视频等都可以通过大数据平台或云空间得以保存，且搜索起来极为方便。大数据可以更加精准了解学生的需求和倾向，让思想政治工作者可以有选择性地去安排教育内容，如结合学生对社会热点事件的关注，通过线上线下答疑解惑。大数据平台还可以实现将社会主义核心价值观关于国家、社会、个人层面的价值理念通过载体和活动加以呈现，制作成文本、音频、视频等多种形式，实现资源共享。

（三）大数据为社会主义核心价值观教育带来了新方法之“机”

大数据的最大优势表现在两个方面：一是数据的价值性，二是数据的关联性。以前，针对互联网的普及对大学生核心价值观的影响巨大的判断只是基于经验的判断，而这种经验判断相对主观，不能说明在不同时期和阶段、在不同的环境下对大学生产生何种影响。而大数据可以论证，将影响大学生社会主义核心价值观教育的诸因素进行量化处理，将每一个影响因子量化为具体的数据，从横向和纵向作出多层次的分析，从学生日常的生活和学习轨迹中寻找关联，探索大学生思想和行为的规律。

（四）大数据为社会主义核心价值观教育带来了新成效之“机”

大数据的广泛应用可以帮助思想政治工作者实现教育方案的个性化。由于大数据覆盖教育对象全时段的全部数据，不仅能够让思想政治工作者对全体教育对象进行分析，还可以实现对个别教育对象的精准把握。此外，通过大数据还可以对学生学习、生活、社会实践等活动的参加情况进行详细记录，为思想政治工作者开展社会主义核心价值观教育提供客观依据。传统的社会主义核心价值观调查多采取问卷调查、访谈等形式开展，且调查问卷所设计的问题很多是经过思想政治工作者精心挑选的，导致教育对象还没回答问题时，思想政治工作者似乎就可以预见答案。而大数据可以摒弃预设，真正做到让数据发声，从而能够极大地提升评估效果。

四、大数据场域高校社会主义核心价值观的积极应对

面对大数据环境，只有认真分析和研判高校社会主义核心价值观教育工作的新形势、新情况、新挑战，创新和变革工作方式与方法，才能提升社会主义核心价值观教育的针对性和有效性。

（一）确立大数据分析思维是做好高校社会主义核心价值观工作的基础前提

思想政治工作者要将大数据看作是做好高校社会主义核心价值观教育的宝贵资源，要能意识到大数据时代给大学生思维和行为带来的深刻影响，熟悉和了解大学生线上线下生活方式，通过搜集大学生日常生活轨迹数据，将大学生书写的文字、活动方位、交流信息等数据化。同时，思想政治工作者要对他们的需要和诉求给予及时关注，在掌握学生成长规律的基础上有针对性地开展对特殊学生群体的个性化工作，将社会主义核心价值观教育工作做得更加具体更加扎实，充分发挥社会主义核心价值观文化育人的熏陶塑造功能、示范引导功能、凝聚激发功能和约束规范功能，不断提升对大学生进行社会主义核心价值观教育的效果。

（二）正确对待和合理使用大数据是做好高校社会主义核心价值观工作的逻辑归属

正确对待和合理使用大数据。一方面，思想政治工作者在搜集大数据时不仅要做好存储和保密工作，更要明晰法律边界，尊重和保护学生的隐私权。另一方面，思想政治工作者在大数据分析方法上，要将定量分析和定性分析相结合。尽管大数据与传统抽样调查分析和经验判断比较而言，在数据的全面性、真实性方面具有无可比拟的优势，大数据在分析事物的关联和因果关系时，仍然少不了定性分析。一是基于大数据的复杂可变性与甄别选择上仍然可能存在某种程度的误差，二是影响人的价值观因子很多，情感、动机、心理、家庭、学校、社会环境等都是无法用定量分析研

究的，大数据在这些因素面前也会无能为力。

（三）积极回应学生的需要是做好高校社会主义核心价值观工作的内在诉求

学生的需要和诉求是思想政治工作者不可回避的问题。高校社会主义核心价值观教育的出发点和落脚点是人。思想政治工作者要在实践中寻找学生思想和行为的根源。应当在鲜活的生活实践中还原社会主义核心价值观教育的生命色彩，让生活实践赋予大学生真切、生动的精神体验，升华对社会主义核心价值观的理解和认识。学生的生活实践是大数据的来源和基础。高校可以通过大数据技术将社会主义核心价值观教育的内容数字化、直观化、图文化，并通过“微言微语”的碎片化方式展示出来。通过建立相关数据库信息，精准了解不同年级、不同性别、不同家庭背景的学生掌握和了解社会主义核心价值观状况，找准他们的兴趣点、聚焦点和薄弱环节，实现培养方式的精确化。

（四）自主学习与积极实践是做好高校社会主义核心价值观工作的持久动力

大数据颠覆了以往信息单向传播路径，信息传播具有即时性、开放性、选择性、不受时空限制等新特点，为学生主动学习社会主义核心价值观提供了十分便捷的条件。要找准接受对象的兴趣点和关注点，将核心价值观的传播与学生日常关注的热点和焦点问题紧密结合起来，策划相关主题的主题帖，增强与学生的互动与交流，使学生在潜移默化中接受教育和影响。同时借助大数据的分析，按照接受对象的不同，在尊重差异的基础上凸显社会主义核心价值观教育的个性化效果。引导和鼓励广大学生投身社会实践，开展若干主题鲜明的弘扬社会主义核心价值观活动，实现社会主义核心价值观生活化、大众化，真正让学生在实践中将社会主义核心价值观内化于心、外化于行。

第四节　构建网络育人体系新格局

随着信息化建设的深入推进，网络信息技术得到了飞速发展和普及，打破了人类社会政治经济文化生活的种种界限，重新设定了人类生活、学习和交往的既有范畴。它不但催生了新的文化生产方式和传播方式，而且促使人们的思想观念、思维方式、行为规范和价值取向等在“微空间”场域里发生了根本性的变革。在传统文化与现代技术相互交融，中国文化与西方文化相互交汇，主流思想与非主流思想相互交织的新媒体场域中，网络社会已经成为思想政治教育工作发展与创新的新阵地。作为互联网应用普及率最高和使用最广泛的高等院校，新媒体已经渗透校园，影响着青年大学生的生活起居、思维模式、行为习惯、学习方式、身心发展和价值观形成。因此，立足网络社会观和安全观，从超越网络工具性层面审视网络思想政治教育工作的丰富内涵和实践路径，更好地应对网络思想政治教育环境、对象、手段、空间和方式的变化，已成为新时期高校思想政治工作的重要内容。

一、高校网络育人的发展阶段

网络育人是网络时代崛起的一种新的育人形式，是社会发展和教育发展的必然结果。它以全新的教学模式、丰富的教育资源、飞快的传播速度等优势弥补了传统教育的不足，理所当然地成为现代育人体系中备受关注的话题之一。在高校，互联网的迅速发展以及大数据时代的到来变革了传统思想政治教育的方式方法，同时也对有效开展育人工作提出了更高的要求。近年来，党中央高度重视网络育人工作，多次强调指出要重视和充分运用信息网络技术，使思想政治工作提高实效性，扩大覆盖面，增强影响力。要根据“趋利避害”的精神和“充分利用，积极建设，加强管理”的原则，用正确、积极健康的思想文化和信息占领网络这个阵地，同时防止一些人利用网络传播错误的思想和信息。关于对网络育人工作的认识，大致经历了以下发展历程：2000年教育部下发了《关于加强高等学校思想政治教育进网络工作的若干意见》，强调要认识到思想政治教育进网络的紧迫性，从此网络思想政治教育理论与实践的研究不断涌现。2001年，教育部印发了《高等学校计算机网络电子公告服务管理规定》，对高校校内计算机网络管理提出了规范性意见。2004年10月中共中央、国务院下发《关于进一步加强和改进大学生思想政治教育的意见》，指出新形势下要主动占领网络思想政治教育主阵地的新任务。2006年全国高校思想政治理论课开始实行新课程设计方案。同时思想政治教育正式设立为二级学科，思想政治教育领域注入了新的活力，推动了网络思想政治教育深入发展。党的十八大以来，习近平总书记在全国宣传思想工作会议、新闻舆论工作座谈会、网络安全和信息化工作座谈会以及哲学社会科学工作座谈会、全国高校思想政治工作会议上发表了一系列关于思想政治教育的讲话，多次强调网络安全和信息化工作的重大意义、战略目标和重要举措，成为做好新形势下的网络建设和管理、创新高校网络思想政治教育工作的重要指南，为思想政治工作贯穿教育教学的全过程，形成全面育人的格局奠定了基础。2017年12月《高校思想政治工作质量提升工作纲要》发布，提出要切实构建十大育人体系，网络育人在十大育人体系中占据重要地位。

二、高校网络育人体系构建

（一）筑园：求实求效，实现网络空间风清气朗

人的生存和发展都必须以一定的环境为前提，人的思想政治品德也是在一定环境中形成和发展的。马克思主义认为，意识一开始就是社会的产物，而且只要人们还存在着，它就仍然是这种产物。可以说，人与环境处在一个互动系统中，人的思想和行为就是这个系统的反应，一方面人们从环绕着他的环境刺激中得到反应，另一方面又能够主动地解释并反作用于环境。这种互动在没有出现网络化之前一般都是“在场”互动，且环境范

围是有边界的。但随着互联网的兴起，基于网络实现的广泛的信息生产、传播和交往活动，形成了人们“网络化生存”的虚拟实在空间，即现实与虚拟相互交融的网络环境，它不仅突破了空间的阻隔，把人们的视野拓展到了更广阔的范围，而且打破了边界的限制，让人们能够享受网络世界的魅力。因此，必须按照“全环境”的育人理念，从精神文化建设、物质文化建设和制度文化建设等方面开展育人环境建设。同时，要进一步完善网络法制建设、强化网络道德引导和加强网络舆情管控等，真正做到建好“软”“硬”环境，及时清除“杂草”，消除“杂音”，有效净化育人空间，引导青年学生增强“四个意识”，坚定“四个自信”，唱响主旋律，汇聚正能量，共建好家园，构建无边界的育人新生态，确保大学生思想政治理论教育的“第一课堂”和“第二课堂”、“线下”和“线上”良性互动。

（二）筑路：突破突围，实现网络平台同频共振

网络思想政治教育主要是以互联网工具为媒介的，其载体一般被笼统的称之为“网络载体”。网络载体是相对于传统意义上的文化载体、活动载体和管理载体等而言的一种新型载体。由于互联网在性质上呈现层次性与多元性，它不仅是一种能够承载数字信息的技术平台，而且是一片承载虚拟活动的空间、一个孕育崭新思想文化的源地、一种具备特殊运行规则及管理方式的新型社会环境。因此，思想政治工作者必须从实体教学与虚拟传播高度融合的视角，按照贴近“生活化”、增强“亲近感”和提高“实效性”的目标要求，建立学生易于访问、善于应用、乐于接受、巧于互动的新媒体移动平台，在价值引导、教育教学、资源查阅、生活服务和文化娱乐等方面为学生搭建载体，提供便捷学习与服务，最大程度发掘和利用新媒体平台的强大多元功能，让“课堂主阵地”和“融媒微阵地”平台互补融合。

（三）筑魂：成风化人，实现思想引领合拍共鸣

网络素养是指使用者在网络活动中所表现出来的观念意识和行为品质。高校思想政治工作队伍应该按照习近平总书记在学校思想政治理论课教师

座谈会上提出的“政治要强、情怀要深、思维要新、视野要广、自律要严、人格要正”要求，全面加强育人主体的素养，全方位、多渠道增强融媒体环境下思想政治工作队伍的师德素养、业务素质和媒介素质，主要包括发掘、甄别、筛选和运用网络资源能力，然后用合乎道德规范的方法开展思想交流、价值引领、知识传递和信息传送等。针对学生群体，要充分把握青年学生融媒体行为特点和思维方式，培养他们的媒介素养，包括分析鉴别力、参与力、协作力、守法自律和联网智慧等，积极塑造舆论领航员、网络意见领袖。同时，积极加强网络学习型社区建设，构建学生自主学习、自我教育、自我管理和主动传授的网络育人团队或朋辈互助团队，让互联网成为传播主流价值的“扬声机”和“扩音器”。

（四）筑材：瞄准靶向，实现网络内容出新出彩

遵循“内容为王”的建设要求，全面把握网络传播特点和学生的成长特点，充分挖掘网络育人要素，深入开发马克思主义“吸睛”资源，加强“配方研发”和“艺术设计”，实现“智能融合思想、价值融合事实、表达融合时代、内容融合需要”，真正符合学生“打破陈规”的心理需求，引导他们学会用网络视角和网络规律分析、鉴别和解决网络问题。同时，延伸教育教学领域，实现“虚拟微课堂”“课程小课堂”“校园中课堂”“社会大课堂”的有机融合，做到既盘活教育“存量”，又优化创新“增量”。此外，要立足虚拟网络社区和现实生活两个维度，深入探析如何以网络视角看待网上现象和利用网络的规律解决网上的问题，同时探索网络育人和现实育人结合的方式方法，避免网络育人与现实育人的脱节。

（五）筑篱：前瞻谋划，实现机制建设有序有力

高效、顺畅的育人运行机制，是高校发挥网络育人功能的有效保障。要积极建立责任重大风险防控机制，提高主体责任意识，维护国家意识形态安全；建立常态协调联动机制，强化内外沟通联动。思想政治理论课要充分发挥课程主阵地、主渠道优势，其他课程要深入挖掘思政元素，实现思政课程与课程思政同向同行、同频共振。此外，要注重加强学校与学

校、社会之间全方位的联动互动，实现资源共享，技术互补；建立舆情监测机制，利用高科技手段进行灵敏的信息搜集，高效的分析处理，及时的监测处理与反馈，坚决避免网络成为负面舆论的“发酵池”和“搅拌机”；建立管理干预机制，加强监管和引导，增强学生的自律意识，切实提高网络育人实效。

第六章　建立高校社会主义核心价值观教育的长效机制

党的十八大以来，党中央高度重视培育和践行社会主义核心价值观，习近平总书记多次发表了重要讲话，培育和践行社会主义核心价值观正成为全党全社会共同的自觉。党的十九大进一步强调，社会主义核心价值观是当代中国精神的集中体现，凝结着全体人民共同的价值追求。要以培养担当民族复兴大任的时代新人为着眼点，强化教育引导、实践养成、制度保障，发挥社会主义核心价值观对国民教育、精神文明创建、精神文化产品创作生产传播的引领作用，把社会主义核心价值观融入社会发展各方面，转化为人们的情感认同和行为习惯。在高校，培育和践行社会主义核心价值观，要着力构建一套行之有效的运行机制，通过教育、实践和制度等机制的良性运行，推动高校社会主义核心价值观建设取得新成效。

第一节　构建教育内化机制

用社会主义核心价值观凝聚中国力量，为中国特色社会主义事业提供源源不断的精神动力。社会主义核心价值观逻辑严谨、内容丰富、意义重大。培育和践行社会主义核心价值观是关乎国家前途命运、关乎人民幸福安康、关乎中国梦能否实现的根本之计。在高校，培育和践行社会主义核心价值观，前提是提高认知认同，真正做到入耳、入脑、入心。因此，高校的首要任务就是通过教育使师生达到对社会主义核心价值观的高度认同并不断内化。

一、思想引领机制

思想引领是指通过对受教育者施加有目的、有计划、有组织的影响，使受教育者发生预期变化的活动。高校培育和践行社会主义核心价值观主要是通过党团干部、思想政治理论课和哲学社会科学专业教师、辅导员和班主任以及心理咨询师等对大学生进行思想引领，引导大学生树立正确的世界观、人生观和价值观。第一，要发挥思想政治理论课主渠道主阵地作用。坚持“总体融入，结合教材，突出重点”的原则，并结合课程特点，实现社会主义核心价值观与教材的有机融合，通过第一课堂与第二课堂的有机结合，不断提高思政课程的育人实效。第二，加强课程思想政治建设。强化每位教师立德树人意识，把社会主义核心价值观教育有机融入各门专业课程中，实现显性教育与隐性教育的有机融合，推动同向同行、同频共振的育人格局。第三，丰富教育活动的内容与形式。高校要充分发挥报告会、党团日活动等载体作用，开展灵活多样的学习活动，使大学生全面深入把握社会主义核心价值观的科学内涵和目标要求。第四，引导学生加强自我教育。著名教育家叶圣陶先生说过：“教育的目的就是为了达到不教育。”达到了不教育，也就是受教育者具有了高度的自觉性。因此，引导学生加强自我教育，要求大学生根据国家要求，主动提出道德修养目标，并以实际行动努力完善，积极培养自己人格品质，切实增强个人是非、善恶、美丑辨别力，努力做到“勤学、修德、明辨、笃实”。

二、价值认同机制

高校是育人的重要阵地。积极培育和践行社会主义核心价值观，一方面有利于夯实大学生为实现中华民族伟大复兴中国梦而奋斗的思想基础，另一方面有利于掌握意识形态和价值观念领域的主动权、主导权、话语权。高校思想政治工作队伍要深刻认识到，培育和践行社会主义核心价值观必须紧紧围绕“三个倡导”的基本要求，做到理论认同、思想认同、情感认同和行为认同，使社会主义核心价值观融入大学生的学习生活和精神世界，激励他们胸怀理想、脚踏实地，真正做到“得其大者可以兼其小”。首先，理论认同是基础。马克思指出，“批判的武器当然不能代替武器的批判，物质力量只能用物质力量来摧毁；但是理论一经掌握群众，也会变成物质力量。”①因此，高校思想政治工作队伍要在遵循信息传播规律和大学生成长规律的基础上，从多层面、多视角和多维度对大学生施策引导，让大学生发自内心地认同理论。其次，思想认同是保障。思想是行动的先导，指引着行动的方向。思想认同是社会主义核心价值观内化于心的保障，它源自对科学信仰的坚信，高校思想政治工作队伍要教育引导大学生增强思想认同，用社会主义核心价值观武装头脑、指导实践。再次，情感认同是动力。情感认同就是要以情动人，以情感人，把社会主义核心价值观的内涵深入到大学生心灵，形成共识，高校思想政治工作队伍要积极开展典型教育，发挥榜样力量，讲好身边的故事，传播正能量。最后，行为认同是目标。发挥社会主义核心价值观的精神引领作用，形成行为认同，转化为大学生的行为习惯是培育和践行社会主义核心价值观的目标。在培育和践行社会主义核心价值观过程中，高校思想政治工作队伍要充分利用各种载体对大学生进行教育，让人们积极参与和身体力行，真正感受到社会主义核心价值观并不空洞乏味或脱离实际。

三、网络教育机制

网络思想政治教育是适应网络社会发展需要而产生的，是思想政治教育的新领域，它既不是网络和思想政治教育的简单结合体，也不是传统思想政治教育工作的简单网络化或数字化，而是思想政治教育工作的全新形态。自1994年互联网接入中国以来，伴随着网络信息技术的不断发展，网络思想政治教育工作经历了初步探索、主动应对和自觉深入的发展阶段，网络思想政治教育也在理论研究和实践探索中得到了丰富和深化。尤其是党的十八大以来，习近平总书记多次强调建设网络强国的重大战略思想，

① 马克思恩格斯选集：第一卷[M].北京：人民出版社，1995：9.

为新时代更好地学网、管网、用网和治网提供了根本遵循，也使网络思想政治教育工作被提到前所未有的重视程度。可以说，思想政治教育工作如果过不了网络关，就难以过时代关。由于网络思想政治教育工作是文化、技术和社会融合发展的产物，它拥有自身内在的本质、特征和规律。这就要求高校思想政治工作队伍在面对网络社会中各种社会关系重构而产生的新问题时，既不能靠零散的、片面的和单一的手段和方法来应对解决，也不能把网络思想政治教育作为“头痛医头，脚痛医脚”的网络“游击战”，必须摸清网络社会本质，把网络社会作为全方位、多层次、多维度的社会系统工程进行建设。目前，新的网络传播方式层出不穷，各种信息资源深度聚合，内容覆盖更加广泛，传播速度更加快捷。做好新时代高校网络思想政治工作必须按照习近平总书记网络强国战略要求，在遵循网络社会发展规律、高等教育基本规律和大学生成长规律的基础上，立足新时代，结合高校育人工作实际，“运用新媒体新技术使工作活起来，推动思想政治工作传统优势同信息技术高度融合，增强时代感和吸引力”①，不断构建传统媒体和新媒体深度融合的育人机制，切实优化网络虚拟环境中受教育者的生存方式，引导他们在教育活动中实现思想政治品德自主建构，促使其思想与行为真正符合国家在网络社会上的道德规范和要求，自觉践行社会主义核心价值观。

第二节　构建实践养成机制

实践是社会主义核心价值观从观念形态到现实转化的重要渠道。通过实践，可以进一步提高大学生思想道德认知，增进思想道德情感，磨炼思想道德意志，塑造思想道德行为。“人们的价值情感、价值意志以及价值信念都是在人们践行价值规范的实践过程中才得到强化的，人们的价值行为也只有经过反复实践才能形成。”②高校社会主义核心价值观教育就是引

① 习近平．在全国高校思想政治工作会议上的讲话[N]．人民日报，2016-12-09(01)．

① 高小枚．社会主义核心价值观教育的渗透性研究[M]．北京：中国社会科学出版社，2016：139．

导大学生按照社会主义核心价值观的要求去实践。2014年5月4日，习近平总书记在同北京大学师生座谈时强调，广大青年树立和培育社会主义核心价值观，要在勤学修德，明辨笃实上下功夫。在强调如何扎实干事、踏实做人时，他认为必须在“于实处用力，从知行合一上下功夫，核心价值观才能内化为人们的精神追求，外化为人们的自觉行动”。实践对于培育广大学生的社会主义核心价值观起着强化、转化、深化的作用，可以将社会主义核心价值观抽象的价值理念和原则转化为具体的行为。通过实践行为产生的情感体验，促使行为外化。

当前，在经济市场化、文化多元化、网络信息化等多重背景下，高校大学生开展社会主义核心价值观教育面临诸多新问题，如思想教育缺位、宣传方式滞后等，给高校大学生培育和践行社会主义核心价值观带来新挑战。深刻剖析当前高校大学生开展社会主义核心价值观教育的困境、表现及问题产生根源，有助于我们探寻科学之策，最终有效破解困境。

高校培育和践行社会主义核心价值观，要努力发挥榜样的引领作用，积极开展志愿服务活动；广泛开展道德实践活动，营造良好社会风尚；以重大的节庆日为契机传播和倡导社会主义核心价值观；充分发挥课堂教学主阵地主渠道作用，实现线上与线下联动育人；培育良好的校园文化；与此同时，还要做到引导广大学生投身社会实践，做到知行合一；高校思想政治工作者要将解决学生的思想问题和实际问题相结合；积极构建社会教育、家庭教育、学校教育三位一体的立体化网络教育体系，积极通过各种微传媒等手段和渠道宣传社会主义核心价值观，营造社会主义核心价值观的良好氛围，积极占领社会主义核心价值观宣传阵地。

一、发挥榜样的教育作用，积极开展志愿服务活动

中国共产党历来重视榜样的引导和教育作用。在不同的历史阶段涌现出来的榜样，总是反映党的执政主题和主流价值倾向，如革命战争年代，就涌现出刘胡兰、方志敏、董存瑞等无数舍生忘死、不怕牺牲的英雄榜样。新中国成立以后，更是有大批的英雄和模范人物涌现，比如抗美援朝

战场上的邱少云、罗盛教、黄继光等。在社会主义建设的初步探索时期，同样涌现出了很多英雄人物，如人民好干部焦裕禄、“铁人”王进喜、人民好战士雷锋等。特别是雷锋精神，已经是榜样的代名词。在新时代，我们特别要弘扬雷锋对党忠诚、对祖国热爱、对人民奉献的无私精神。雷锋坚定的理想信念、昂扬的精神风貌和高尚的道德追求与当前社会主义核心价值观倡导的精神和价值准则是完全契合的。改革开放以后，我国各条战线都涌现出了不少英雄模范团体或个人。如代表着顽强拼搏精神的中国女排、身残志坚的张海迪、模范共产党员和优秀领导干部孔繁森，等等。在新时代同样也涌现了一批英雄和楷模，如南仁东、杜富国、张福清等。通过这些榜样的力量来对高校大学生进行引导，有助于广大学生增进对主流价值观的情感认同，推动社会主义核心价值观的践行。

充分发挥榜样力量，是高校培育和践行社会主义核心价值观的重要方法。相比其他教育方法，榜样教育具有独特的功能。首先，榜样具有强化价值认同的功能。榜样使社会主义核心价值观传播更加具体化、直观化、形象化，人们从榜样身上能够看到更为具体的价值内涵。榜样的宣传过程，实际上就是价值观的传播过程，因为榜样承载着社会主义核心价值观所倡导的价值导向。榜样先进的道德品质和事迹，会使人产生一种强烈的思想震撼和共鸣，从而起到激励的作用。人们会以榜样的尺度来衡量自己，从榜样身上能够看到不足和差距，以榜样为镜，见贤思齐。其次，榜样反映了特定时期的主流价值观及价值准则，具有传播社会所倡导的主流价值观功能。榜样不是抽象的符号，而是鲜活的个体存在。人们通过榜样的先进事迹能够甄别真善美，榜样可以引导人们积极探索个人价值、社会价值，帮助人们更加深刻地去理解并践行社会主流价值观，从而摒弃错误的价值观。最后，榜样可以在人们自觉地践行社会主义核心价值观方面发挥引导功能。榜样的价值不仅在于传播和强化价值认同，更为重要的是能够对人们的行为起到激励、规范、约束作用。榜样先进的事迹和道德品质映射出社会主义核心价值观，为人们践行社会主义核心价值观提供了具体参照。在高校，除了国家和社会层面倡导的榜样和典型之外，学校也可以通过树立朋辈榜样、身边榜样等，开展“用身边事教育身边人，用身边事激励身边人”等教育活动，使社会主义核心价值观的培育具体化，进一步增强社会主义核心价值观教育的实效性。

2013年12月，中共中央办公厅发布的《关于培育和践行社会主义核心价值观的意见》指出，“大力弘扬雷锋精神，广泛开展形式多样的学雷锋实践活动，采取措施推动学雷锋活动常态化。以城乡社区为重点，以相互关爱、服务社会为主题，围绕扶贫济困、应急救援、大型活动、环境保护等方面，围绕空巢老人、留守妇女儿童、困难职工、残疾人等群体，组织开展各类形式的志愿服务活动，形成我为人人、人人为我的社会风气。把学雷锋和志愿服务结合起来，建立健全志愿服务制度，完善激励机制和政策法规保障机制，把学雷锋志愿服务活动做到基层、做到社区、做进家庭。”从文件要求来看，社会主义核心价值观的外化需要通过社会实践活动这个载体来完成，社会主义核心价值观倡导的价值准则和价值理念只有通过社会实践活动才能表现出来，经过反复的社会实践才能逐渐转化为行为习惯。由于社会主义核心价值观倡导的价值准则和价值理念具有一定的抽象性，因此需要通过生动活泼和形式多样的社会实践活动使之具体化、生活化，将社会主义核心价值观的内容潜移默化地内化为人们的认知习惯，并不断外化，从而达到良好的效果。社会志愿服务活动可以为学生提供充分了解社会的窗口，通过社会实践，学生可以切身感受改革开放以来取得的巨大成就，进一步增强对党的路线、方针、政策的理解，增进对国情、社情、民情的了解，极大地激发他们的爱国热情、增进与广大人民群众的感情，帮助广大学生树立远大理想，养成从小事做起、从身边事做起的行为习惯，从而自觉地将社会主义核心价值观内化于心，外化于行。

二、广泛开展道德实践活动，营造良好社会风尚

国无德不兴，人无德不立。道德对社会文明进步具有巨大的推动作用。中国自古以来就有崇尚道德的传统，今天我们大力倡导依法治国和以德治国相结合，使法治和德治在国家治理体系中相互补充、相互促进、相得益彰。实现中华民族伟大复兴的中国梦，不仅需要有雄厚的物质基础，更需

要有强大的精神力量。而道德的教化作用可以在全社会形成良好道德风尚、凝聚广泛的社会共识，提高全社会的文明程度。

（一）培育和宣传先进典型和道德模范，形成见贤思齐、争当先进的社会风气

人民群众是历史的创造者，也是推动社会进步的主体力量。人们在追求更高层次的物质生活的同时，同样对道德和精神的追求有着强烈的向往和认同。先进模范和典型是具体的、鲜活的价值观，人们从他们的先进事迹和道德品质中感受到可亲、可敬、可学。从雷锋、焦裕禄到沈浩，从“两弹一星”、女排精神到航天精神，英雄团体或个人在面对困难时总是能够做出勇于担当、义无反顾的行为，他们处处以国家和人民的利益为重，不畏困难不怕牺牲，自觉地将人生价值与党和人民的事业紧密联系在一起，将个人的价值追求融入到实现国家富强、民族振兴、人民幸福的伟大事业中，展现了崇高的社会使命感，体现了为祖国、人民奉献的赤子之心。我们从各种先进典型的学习活动中深刻感受到人们迸发出的道德热情，反映出我国道德建设具有广泛和深厚的社会基础。

高校要坚持将立德树人作为教育的根本任务，以培养学生高尚的道德品质作为最重要的培养目标。社会主义核心价值观在社会道德、家庭美德和个人品德方面都提出了要求，我们要鼓励广大学生向先进模范和典型学习，认真做好身边的事，帮助身边的人，从小事做起，从自我做起，不断提高个人道德品质和修养。

（二）着力培育和营造良好的道德环境

马克思认为，“人创造环境，同样环境也创造人”。倡导社会主义核心价值观既需要人们的行动自觉，也离不开外在环境的影响，社会主义核心价值观作用的发挥是两者相互作用的结果。社会主义核心价值观引领社会思潮、凝聚社会共识功能的发挥离不开健康的社会舆论环境。我们要树立正确的价值导向，充分发挥社会舆论引领社会风尚的职能，旗帜鲜明地倡

导正能量，压缩负能量的生存空间。大力宣传先进典型和道德模范，在全社会形成普遍崇尚道德，争做道德模范的良好氛围，坚决同社会上一些道德失范、诚信缺失等丑恶现象进行有力的斗争，让社会主义荣辱观深入人心。在高校，我们要主动了解广大青年学生的认知特点，主动占领网络阵地，积极回应广大学生在成长过程中遇到的各种问题，加强思想引导、心理疏导等，帮助广大学生扣好“人生的第一粒扣子”，树立正确的世界观、人生观、价值观。

（三）构建社会、家庭、学校三位一体育人体系，合力推动道德实践活动

就社会层面而言，要加强社会主义核心价值观的宣传教育，加大社会治理力度，旗帜鲜明地倡导正确的价值观念，克服与社会主义核心价值观背道而驰的现象，清理阻碍社会主义核心价值观作用发挥的错误思潮，在全社会营造培育和践行社会主义核心价值观的良好氛围，让广大学生在良好的社会环境中潜移默化地接受社会主义核心价值观。就家庭层面而言，要大力弘扬中华传统美德和劝善文化，将社会主义核心价值观融入家教、家风、家训中，用中华传统文化美德和社会主义道德滋养家庭成员。就学校层面而言，要将社会主义核心价值观寓于校园环境之中，形成良好的学风、教风、校风，达到春风化雨、润物无声的效果。同时，要加强师德师风建设，让老师成为学生践行社会主义核心价值观的榜样。2018年5月2日，习近平总书记在北京大学师生座谈会上的讲话中指出：“古人说：‘师者，人之模范也’。在学生眼里，老师是‘吐辞为经、举足为法’，一言一行都给学生以极大影响。教师思想政治状况具有很强的示范性。要坚持教育者先受教育，让教师更好担负起学生健康成长指导者和引路人的责任。”

三、以重大的节庆日为契机传播和倡导社会主义核心价值观

传统节日、重大的政治性节庆日或重要历史人物纪念日等都蕴藏着极为丰富的教育资源，具有重大而深远的教育意义。一方面，我们要以传统

节日为契机，充分挖掘传统节日蕴藏的教育资源和内在精神，如端午节所承载的爱国主义精神，中秋节承载的将小家的团圆幸福与国家的命运结合的精神，七夕节承载的忠贞不渝的爱情观等。这些中华民族传承千年的节日通过庄重的仪式超越地域和时代，早已渗透中国人的血液中。另一方面，我们要利用党史国史重大事件、重要人物纪念日等契机举办庄严的庆祝活动或纪念活动开展社会主义核心价值观宣传教育，如五四青年节、建党节、建军节、国庆节等政治性节日。通过这些节日仪式可以极大地振奋民族精神，激发爱国热情，更加坚定跟党走的决心和信心，进一步增强人们对中国特色社会主义道路自信、理论自信、制度自信、文化自信。此外，我们还可以通过党和政府坚决有力地应对重大危机事件，化不利为有利，化被动为主动等的经验，积极弘扬社会主义核心价值观。如2003年席卷全国的“非典”疫情、2008年汶川大地震、2010年青海玉树特大地震等，在处理这些突发的重大危机事件时，党和政府做到坚决快速、举措得当、开放自信，新闻媒体报道反应迅速，有效地引导了社会舆论，牢牢地掌握着主动权，在突发重大事件处置中展示了中华民族众志成城、团结一致的磅礴力量。如在抗震救灾中，涌现出了一个又一个的感人事迹，用理想和信念铸就了团结一致的抗震救灾精神；在应对“非典”疫情事件时，形成了勇敢面对疫情、不畏困难不怕牺牲的抗击“非典”精神。在处理西藏和新疆暴力恐怖事件中，人民军队和广大群众英勇无畏、坚决同暴恐分子作斗争，保护人民群众财产和生命安全。今后，我们还应因势利导，妥善应对各类危机事件，在有效处置突发事件中继续弘扬社会主义核心价值观。

四、充分发挥课堂教学主阵地主渠道作用，实现线上与线下联动育人

课堂是开展思想政治教育和社会主义核心价值观教育的主阵地和主渠道，推进社会主义核心价值观进教材、进课堂、进头脑，是社会主义核心价值观融入教学的重要举措。我们要不断创新思政课程教学方法、讲透理

论内容、完善教学手段，增强课堂教学的吸引力、感染力。同时教师要善于对各专业课程进行顶层设计，大力挖掘各专业课程蕴含的思政元素，推进“课程思政”，实现课堂教学、社会实践、管理服务、校园文化等立体化协调育人平台。

2018年8月21日至22日，习近平总书记在全国宣传思想工作会议中指出，要把握正确舆论导向，提高新闻舆论传播力、引导力、影响力、公信力，巩固壮大主流思想舆论。高校思想政治工作者要有阵地意识，要充分认识到新媒体与高校大学生社会主义核心价值观之间传播的关联性。了解新媒体环境下高校大学生社会主义核心价值观的认知现状，积极谋划新媒体环境下提升社会主义核心价值观教育的应对措施。高校思想政治工作者要加强网上舆论引导和正面宣传，探究学生的兴趣和需求，积极回应广大青年学生在成长成才中遇到的各类问题和困惑。高校还应开设新媒体教育相关课程，使新媒体环境下社会主义核心价值观教育找到着力点，帮助广大学生提高甄别互联网各类信息能力，形成正向的道德心理。另外，还应关注学生需求，聚焦热点话题，积极抢占舆论阵地，传递主流声音，推动社会主义核心价值观教育和宣传的形象化、生动化、大众化，高校应努力打造和培养一批专业化的网络思政工作队伍，善用学生喜闻乐见的方式开展引导工作。

第三节　构建文化发展机制

文化有广义和狭义之分。广义上的文化指的是人类在社会历史实践过程中所创造的物质财富和精神财富的总和。狭义的文化仅仅指精神财富。文化的社会功能具有知识传承、教化、培育和塑造人等多个方面。文化也是衡量一个国家软实力和综合实力的重要指标，同时它与国家的意识形态息息相关，一个国家的意识形态离不开深厚的文化底蕴。“文化”“意识形态”“精神文明”三个范畴是同一层次上的概念，都属于“社会意识”领域。就社会主义核心价值观而言，它离不开对一切优秀文化的继承和创新，优秀文化可以为社会主义核心价值观提供丰富的土壤使其充分吸收养分。社会主义核心价值观是文化的内核，也是文化价值的浓缩和提炼。如何对待中华传统优秀文化、西方外来文化、革命文化和社会主义先进文化？这些文化与社会主义核心价值观的关系如何？是一项值得研究的课题。

一、整合社会主义核心价值观的文化资源

（一）推动中华优秀传统文化创造性转化、创新性发展

中国是一个有着五千多年历史的国家，悠久的历史孕育了灿烂的中华文明。历史悠久的民族文化传统，深深地影响着当代中国。如："和为贵"思想，主张人与人之间、人与自然之间的和谐关系，向往和追求"天下大同"的理想社会。此外，中国古代就形成了"民为邦本，民贵君轻"的民本思想，"仁义礼智信"的道德准则，"天行健，君子以自强不息"的自强精神，"修身齐家治国平天下"的人生理想，"己所不欲，勿施于人"的待人之道……这些都为社会主义核心价值观的形成提供了重要的借鉴和启示。

新时代如何对待中国传统文化，是一个非常重要的历史课题。中华文化既有正确、积极、先进的一面，也有落后、消极、保守的一面。由于文化产生的时代不同，在特定的历史环境下发挥的作用也不同。中华传统文化中有些内涵与我们今天在中国特色社会主义背景下倡导的内涵有很大的差别。因此，有必要对中华传统文化进行批判、继承、转化与创新，使之体现民族性的同时也能体现时代性的要求。对此，习近平总书记有着深刻的见解。2014年10月，习近平总书记在文艺工作座谈会上强调："传承中华文化，绝不是简单复古，也不是盲目排外，而是古为今用、洋为中用，辩证取舍、推陈出新，摒弃消极因素，继承积极思想，'以古人之规矩，开自己之生面'，实现中华文化的创造性转化和创新性发展。"实现中华文化的创新性转化和创新性发展可以从以下几个方面着手：一是将优秀传统文化融入人民生活；二是赋予优秀传统文化新的时代内涵和新的时代表

达；三是加大优秀传统文化的保护力度，打造一批优秀文化工程和项目。

（二）批判和借鉴西方外来文化

弘扬社会主义核心价值观离不开继承和发扬中华民族优秀传统文化，离不开如何科学地对待西方文化问题。对待西方文化，如何从中借鉴有益的经验，摒弃西方文化糟粕，是一项值得研究的重要课题。我们应该理性地看到，长期以来，以美国为首的西方发达资本主义国家凭借其经济、政治、文化上的优势地位，开展“文化入侵”，特别是西方殖民文化中的糟粕如拜金主义、享乐主义、极端个人主义、暴力色情等在一定程度上给我们带来了一些负面影响。

高校历来是各种社会思潮的必争之地，也是意识形态斗争的最前沿。高校宣传和倡导社会主义核心价值观，一方面要吸收和接纳优秀文化成果，并敢于同西方错误思想作坚决斗争；另一方面我们要培养学生用理性、平和、包容、开放和自信的心态来对待世界一切优秀文化成果，努力做到“洋为中用”，博采众长，学会辩证取舍。同时，高校思想政治工作者还要善于运用马克思主义的观点、立场和方法引导和教育学生，帮助学生树立坚定的马克思主义信仰，能够对互联网上形形色色的西方腐朽没落的思想和糟粕进行有效甄别，并进行针锋相对的斗争。

（三）大力弘扬红色革命文化和社会主义先进文化

红色革命文化是中国共产党带领中国人民抵御外敌、争取国家独立和解放过程中形成的文化。红色革命文化体现的是革命先辈为了实现国家独立和人民幸福的理想信念，浓缩了革命和建设时期的先进模范的先进事迹和精神，饱含了爱国爱党爱人民的伦理道德规范，是社会主义核心价值观教育的重要思想来源。“红船精神”“井冈山精神”“长征精神”“延安精神”“西柏坡精神”等这些革命精神谱系，已经成为中国革命精神胜利的独特标识，承载着中国共产党带领中国人民实现中华民族伟大复兴中国梦的远大理想和坚定信念。红色革命文化与社会主义核心价值观的基本内容是相统一的，两者拥有共同的源流，在内容上高度契合，在目标追求上也十分趋同。红色革命文化是马克思主义中国化的文化成果，借助红色革命文化的传播，可以推动马克思主义中国化的发展。红色革命文化在培育社会主义核心价值观方面也具有独特的价值和功能，有助于帮助人们践行社会主义核心价值观的道德规范，提升精神品格，还有助于人们增强对社会主义核心价值观的价值认同，为社会主义核心价值观内化于心营造良好的情境氛围。

党的十九大报告指出：必须坚持马克思主义，牢固树立共产主义远大理想和中国特色社会主义共同理想，培育和践行社会主义核心价值观，不断增强意识形态领域主导权和话语权，推动中华优秀传统文化创造性转化、创新性发展，继承革命文化，发展社会主义先进文化。社会主义先进文化是以马克思主义为指导，继承中华优秀传统文化和红色革命文化，是马克思主义与中国建设文化相结合产物，是立足当代中国现实而形成的一种崭新的、具有中国特色的文化。社会主义先进文化与社会主义核心价值观在指导思想和理想目标、教化功能、实践途径、价值取向和时代方向上具有高度统一性。

弘扬和发展红色革命文化、社会主义先进文化，培育和践行社会主义核心价值观，都必须以马克思主义为指导。高校思想政治工作是解决好“为什么人”“培养什么人”的问题，最终的落脚点都是培养学生成才。在具体的社会主义核心价值观教育过程中，要注重学习革命文化和社会主义先进文化中的模范和榜样，用模范和榜样的力量鞭策和激发学生对榜样先进事迹及精神的认同；在方法上，倡导和宣传社会主义核心价值观的内容不能仅仅停留在理论的宣讲和说教上，要立足于生活实际，采取大学生喜闻乐见、生动活泼、直观形象的方式，引发学生思想共鸣。要充分运用新媒体开发出更多反映红色革命文化和社会主义先进文化的文化艺术作品，通过艺术作品的影响力再现社会主义核心价值观，使广大学生在不知不觉中受到价值观的熏陶和陶冶。要举办各类革命纪念仪式和社会主义先进文化展览，激发人们对革命岁月的历史回忆与情感，使广大学生潜移默化地接受社会主义核心价值观内容。

二、文化自信视野下的大学生社会主义核心价值观培育

文化自信的提升是培育和践行社会主义核心价值观的前提。社会主义核心价值观的提出本身就是高度文化自信的表现。党的十八大以来，习近平总书记对文化自信作出了诸多论述。2014年2月，习近平总书记在主持中央政治局第十三次集体学习时，提出了“增强文化自信和价值观自信”。2016年5月17日，在哲学社会科学工作座谈会上习近平总书记指出：“我们说要坚定中国特色社会主义道路自信，理论自信，制度自信，说到底是要坚持文化自信。”在庆祝中国共产党成立95周年大会上，习近平总书记强调：“全党要坚定道路自信，理论自信，制度自信，文化自信”并指出“文化自信，是更基础、更广泛、更深厚的自信。”2016年11月30日，习近平总书记在中国文联第十次全代会、中国作协第九次全代会开幕式上强调：“坚定文化自信是事关国运兴衰、事关文化安全、事关民族精神独立性的大问题。”党的十九大报告中习近平总书记提出了“坚定文化自信，推动社会主义文化繁荣兴盛”的战略思想。

近年来，学术界关于文化自信的研究逐渐成为热点。关于文化自信的定义，学者们也提出了很多有价值的见解。如张九童认为“文化自信是指文化主体在历史与现实的权衡中、在本民族与其他民族的比照中形成的对于本民族文化及其价值深度认同的文化立场、积极的文化心理和富于包容的文化选择的总和”。①马俊峰认为，“文化自信标志着文化主体对自己所建构的文化有足够的认知与理解，能够很好地阐述自己的文化，有充分的信心相信自己的文化能够解决自身发展所产生的问题，能够依照己愿建构新时代文化，探索一条适合自身发展的道路。”②学术界对社会主义核心价值观与文化自信的关系也做了一些探讨，研究两者之间的关系，具有十分重要的意义。

① 张九童.新时代文化自信：生成逻辑、价值定位、应然功能[J].长白学刊，2019(4)：142-148.

② 马俊峰，马乔恩.新时代文化自信的内涵、源泉及实现路径[J].学术交流，2018(4)：58-64.

（一）社会主义核心价值观是文化自信的核心与灵魂

核心价值观是文化的内核，是一个国家文化软实力的重要体现。一个国家的文化软实力如何归根到底要看核心价值观是否具有生命力、凝聚力和号召力。社会主义核心价值观是以马克思主义为指导的，继承了中华优秀传统文化和红色革命文化，并深深植根于中国特色社会主义实践。在发展中国特色社会主义实践中逐渐产生了制度自信、理论自信、道路自信。增强文化自信，从某种程度上说就是增强社会主义核心价值观的自信。

（二）弘扬社会主义核心价值观可以进一步增强文化自信

当前，经济全球化、全球信息化的步伐日益加速，这不仅对各国的经济、政治产生重要影响，更在文化层面特别是价值观层面产生了深刻影响。新媒体技术的日新月异已经将各国、各民族文化深刻交融，一国文化孤芳自赏、独立发展的时代已经成为历史。随着世界多极化的深入发展，各国都逐渐重视本国文化，充分认识到丢了文化就是丢失了国家灵魂和根本。对社会主义核心价值观的培育会进一步增强文化自信和文化自觉，从而为实现中华民族伟大复兴提供坚强有力的价值指引和精神动力。

（三）在弘扬和培育社会主义核心价值观中坚定文化自信

中华优秀传统文化是中华民族的基因。中华优秀传统文化为社会主义核心价值观提供了思想源头和丰富滋养，社会主义核心价值观也为中华优秀传统文化的创造性转化、创新性发展提供了新的路径，并为其指明了方向。社会主义核心价值观的形成可以帮助人们不断地矫正思想，纠正偏差，让其形成符合社会主流价值观倡导的价值规范和道德规范。红色革命文化蕴含着不怕牺牲、不畏困难、自强不息的伟大精神。红色革命文化之所以具有非常震撼的感染力，归根到底是因为革命先烈为实现国家富强、民族振兴、人民幸福的梦想，在血与火的淬炼中形成的无私无畏的革命精神感染着一代又一代人。红色革命文化中内在蕴涵着社会主义核心价值观的理念。在培育社会主义核心价值观的过程中，可以与红色革命文化有机结合。如通过走访红色革命遗址、观看红色主题演出和革命展览，通过情景式、体验式的方式引导人们感悟红色文化精神，培育浓厚的爱国主义精神和坚定的理想信念。

社会主义先进文化是以马克思主义为指导的，代表中国最广大人民根本利益的具有中国特色的文化。它站在广大人民的价值立场，顺应了人类社会发展的方向和潮流，在文化实力、文化创新、文化胸怀方面都表现出高度的自信。

大学生社会主义核心价值观教育需要完善的文化机制为支撑，从榜样示范、实践育人、道德评价、制度保障等方面着手，让广大学生在日常生活中感受社会主义核心价值的魅力，提高价值认同和自觉践行。

1. 榜样示范机制

发挥榜样的模范作用，可以激发大学生学习榜样的热情，让广大学生见贤思齐。发挥中华优秀传统文化中的先进典型作用，如岳飞、文天祥等；革命文化中的先进典型，如方志敏、刘胡兰等；社会主义先进文化中的一些典型，如雷锋、焦裕禄等。除此之外，我们还要注重挖掘身边的学习典型和感人事迹，激励越来越多同学向榜样学习，从自己做起，从身边做起，从小事做起，将这种精神的力量转化为自觉的行动。在校园中开展争当模范评选，如大学生年度人物、“三好学生”、大学生“自强之星”等，并将他们的先进事迹进行广泛宣传。同时，我们也要充分发挥教师的师德师风的引领作用。教师的言行举止在学生心目中具有较高的声誉和威望，高校教师要多与学生交流相处，帮助学生解决思想上和生活中遇到的难题，积极引导，使学生从内心感受到教师的关心和爱护。要充分发挥言传身教的作用，用坚定的政治立场，严谨的治学态度，高尚的道德品质去潜移默化地影响学生价值观的形成。

2. 实践育人机制

社会实践活动是大学生社会主义核心价值观教育的重要渠道。通过社会实践活动可以巩固社会主义核心价值观教育的效果。将学习与具体的情境相结合，理论与社会实践相结合，社会主义核心价值观教育贯穿到学生日常的学习生活中。从发生场域来说，社会实践活动可以分为校内实践和校外社会实践两方面。校内实践活动方面，可以依托团学组织、学生会等学生自治组织开展形式多样的活动。高校学生社团是开展社会主义核心价值观主题教育的重要平台。校外社会实践活动方面，可以充分利用寒暑假社会实践活动引导学生深入基层，如通过开展实地调查研究、组织参观红色基地、撰写调研报告等多种形式，加深大学生对基层的认识和了解，让他们思想得到锤炼，实践能力得到提升。

3.道德评价机制

个人道德建设是社会道德建设的基础。在高校，要注重学生的个人品德建设，建立健全道德评价机制。建立道德评价机制是高校社会主义核心价值观教育的内在要求，通过对大学生开展的校园文化活动进行道德评价，可以有效巩固社会主义核心价值观教育的效果。在开展校园文化活动时，可以开展一系列的道德实践活动，大力倡导正确的道德观，摒弃错误的道德行为，积极传播正能量，提高大学生思想道德修养，进一步增强大学生践行社会主义核心价值观的积极性和主动性。高校要建立和完善学生综合评价体系，加大德育指标的比重，开设德育相关课程，在校园内形成人人崇尚道德、人人争做道德模范的良好氛围。

4.制度保障机制

无规矩不成方圆。高校各项规章制度是开展大学生社会主义核心价值观教育的重要保障。高校要统筹社会主义核心价值观教育工作，做好顶层设计，完善各项制度。我们应当看到，高校大学生社会主义核心价值观教育是一项复杂的系统工程，离不开学校各部门之间的密切配合。高校要做好顶层设计，做到全员、全过程、全方位育人，让社会主义核心价值观嵌入到校园生活的各个方面。

三、完善社会主义核心价值观传播保障机制

2015年，中共中央办公厅、国务院办公厅印发《关于进一步加强和改

进新形势下高校宣传思想工作的意见》强调指出，意识形态工作是一项极端重要的工作，高校作为意识形态工作前沿阵地，肩负着学习研究宣传马克思主义，培育和弘扬社会主义核心价值观，为实现中华民族伟大复兴的中国梦提供人才保障和智力支持的重要任务。做好高校宣传思想工作，加强高校意识形态阵地建设，是一项战略工程、固本工程、铸魂工程，事关党对高校的领导，事关全面贯彻党的教育方针，事关中国特色社会主义事业后继有人，对于巩固马克思主义在意识形态领域的指导地位，巩固全党全国人民团结奋斗的共同思想基础，具有十分重要而深远的意义。构建社会主义核心价值观传播保障机制不仅是社会主义核心价值观传播取得实效的有力保障，也有利于形成良好的传播氛围。

（一）制度约束机制

将社会主义核心价值观的内涵要求体现在学校规划和政策中，重点要体现在学校党建、宣传和管理服务等制度中，要把社会主义核心价值观融入校园文明创建过程中，融入学校办学育人全过程。在制度建设过程中，要着力增强制度的系统性和可操作性，形成相互联系、内容互补、程序严密、有效管用的制度体系。

（二）重大风险防控机制

党的十九大报告明确指出，必须推进马克思主义中国化时代化大众化，建设具有强大凝聚力和引领力的社会主义意识形态，使全体人民在理想信念、价值理念、道德观念上紧紧团结在一起。社会主义核心价值观是社会主义意识形态的核心，当前世界大局深刻变化，外部环境复杂严峻，网络信息传播多元多变，意识形态领域风险点呈现出增多的趋势，培育和践行社会主义核心价值观必须建立重大风险防控机制，牢牢掌握意识形态的主动权。在高校，筑牢社会主义意识形态主阵地，必须围绕举旗帜、聚民心、育新人、兴文化、展形象的使命任务，强化意识形态责任制落实，强化课堂阵地管理，加强对哲学社会科学各类论坛、报告会、研讨会和学生社团等阵地的管理，建立健全分析研判机制，切实加强网络信息管控，确保网络宣传思想文化阵地可管可控，对重大舆情、倾向性苗头性问题，必须立场坚定、态度鲜明地开展斗争。

（三）协调联动机制

培育和践行社会主义核心价值观是高校坚持立德树人中心环节的重要方面，是培养德智体美劳全面发展的社会主义建设者和接班人的重要保障。自党的十六届六中全会提出建设社会主义核心价值体系的战略任务以来，特别是随着党的十八大“三个倡导”的提出，高校关于社会主义核心价值观的宣传和教育问题，已逐渐成为高校思想政治工作重大的理论和实践问题，虽然高校通过丰富多彩的教育活动推动社会主义核心价值观进课堂、进教材、进头脑，取得了积极的成效。但是，由于培养和践行社会主义核心价值观是一项系统工程和合力工程，必须整合各种优质资源和多方力量，协调联动、合力推进大学生社会主义核心价值观教育。中共中央办公厅印发《关于培育和践行社会主义核心价值观的意见》指出：“要从小抓起”，要“完善学校、家庭、社会三结合的教育网络，引导广大家庭和社会各方面主动配合学校教育，以良好的家庭氛围和社会风气巩固学校教育成果，形成家庭、社会与学校携手育人的强大合力”。在学校教育方面，高校必须结合大学生思想实际，把社会主义核心价值观教育体现到教育教学和管理服务全过程。首先，采取正面教育。把弘扬以爱国主义为核心的民族精神和以改革创新为核心的时代精神作为社会主义核心价值观教育的重要任务，动之以情，晓之以理，进行高尚的思想道德素质的教育、灌输和熏陶。其次，用好载体和抓手。通过社团活动、网络载体、志愿服务活动等多种途径使大学生了解和理解、认同和接受社会主义核心价值观，寓教于乐、寓教于行推动社会主义核心价值观真正内化为大学生的精神追求，外化为他们的自觉行动。在家庭教育方面，家庭是一个感情集体，是培养孩子的基地，是孩子的第一所学校，父母是孩子的第一任老师，是孩子的指导者和引路人，也是孩子的终身榜样。大学生的生命状态、人生梦想、品行修养、情感质量、心理态势、行为习惯等都与家庭教育息息相关。家长要身体力行，营造良好的家风，培养孩子家国情怀、爱岗敬业精神、诚信友善行为和吃苦耐劳的品质，切实肩负起配合学校教育大学生学习和践行社会主义核心价值观的重任。在社会教育方面，社会教育是学校和家庭教育的继续延伸和发展，具有广泛性、适应性、及时性和补偿性特点。通过社会教育可以让大学生在社会大课堂中体验不同社会角色，学习社会规范，扩大社会交往，有助于良好社会素质养成，提升分析能力和辨别能力，更好践行社会主义核心价值观。

第七章　习近平青年成才观及对高校共青团发展的指导

青年兴则国家兴，青年强则国家强。青年是国家和民族的希望，是实现中华民族伟大复兴的生力军，也是中国特色社会主义事业的继承者和开拓者。马克思主义经典作家历来重视青年的成长成才，并有诸多重要论述。青年马克思在《青年在选择职业时的考虑》一文中指出，青年选择最能为人类福利而劳动的职业，才能成为高尚的人，才能得到真正的幸福。列宁在《青年团的任务》中深刻指出了青年团的性质、宗旨，以及青年的任务就是学习等。毛泽东在《青年运动的方向》一文中阐述了五四运动以来广大青年的先锋队和主力军作用。邓小平在《关于修改党的章程的报告》中指出："青年——是我们的未来，我们的一切事业的继承者。"江泽民在1990年8月3日首都青年纪念五四报告会上的讲话中指出，青年是社会中最富有活力的部分，是我们事业的希望。胡锦涛在庆祝中国共产党成立90周年大会上的讲话特别强调了青年成才成长的问题。

党的十八大以来，习近平在不同场合多次发表了关于青年成长成才重要论述，是在继承和发扬马克思主义青年思想的基础上形成的一系列科学论断。习近平用深入浅出、生动活泼、透彻深邃的思想和语言，结合青年发展和成才规律，站在国家、民族、人民的高度，充分阐述了新时期广大青年如何成才、怎样成才、成为什么样的人才等重要问题。科学、系统地把握习近平的青年成才观，更好地引导广大青年投入中华民族伟大复兴的历史征程，在实现中国梦的道路上建功立业，有着重要的现实意义。习近平青年成才观主要包括三个方面：如何看待与评价青年、如何培养与发展青年，如何开展青年工作。三者相辅相成，构成有机的统一整体，为今后青年成长与成才工作指明了方向。

第一节　习近平青年成才观的内容及当代价值

一、如何看待与评价青年：习近平青年成才观的基础

正确对待青年的历史地位和作用是习近平青年成才观的重要观点，也是如何培养与发展青年、如何做好青年工作的基础和前提。青年的历史作用贯穿于社会主义革命和社会主义建设等各个历史时期。在革命战争时期，广大青年怀着满腔热血，发愤图强，为了争取国家民族独立和人民解放抛头颅洒热血，前仆后继死而后已。新中国成立后，国家一穷二白、百废待兴之时，广大青年响应党和国家号召，到祖国最艰苦的地方、到人民最需要的地方建功立业。改革开放以来，广大青年为实现社会主义现代化事业和中华民族的伟大复兴锐意进取，孜孜不倦。马克思主义经典作家认为：人是一切社会关系的总和，人“只有在集体中，才能获得全面发展其才能的手段”。[①]同样，国家富强、民族振兴离不开广大青年的努力奋斗，青年个体价值的实现同样也离不开国家和社会为其提供舞台，青年人生理想和价值的实现总是与国家和民族的发展息息相关。

习近平评价青年的历史作用和地位总是与国家、民族的命运结合在一起。习近平认为，青年是最富有活力和朝气的群体，青年应当富有梦想、敢于拼搏，具有强烈的创新精神。2013年，习近平总书记在同各界优秀青年代表座谈时指出，“青年最富有朝气、最富有梦想……青年一代有理想、有担当，国家就有前途，民族就有希望。”[②]“中国共产党从来都把青年看作是祖国的未来、民族的希望，从来都把青年作为党和人民事业发展的生

① 马克思恩格斯全集：第3卷[M].北京：人民出版社，1979：32.

② 十八大以来重要文献选编：上[M].北京：中央文献出版社，2014：277－281.

力军，从来都支持青年在人民的伟大奋斗中实现自己的人生理想。”①

习近平评价青年的历史作用和地位总是与时代的要求结合在一起。尽管每一个时代由于历史任务和主题不同，青年的责任担当主题会有差异，但青年要勇于担当国家和民族赋予的历史要求却从未改变。2014年5月4日习近平总书记在北京大学师生座谈会上说：“青年是标志时代的最灵敏的晴雨表，时代的责任赋予青年，时代的光荣属于青年。”青年的历史使命不是空想得来的，而是与当前所处的中国国情、世情、社情等息息相关的。青年要主动承担更多的责任，努力完成国家和人民赋予的历史使命。

习近平将青年是否成才与中国特色社会主义伟大事业的成败兴衰及中国梦联系在一起。中国特色社会主义伟大事业与中国梦能否实现需要千千万万个有志青年共同奋斗。习近平指出：“中国梦是我们的，更是你们青年一代的。中华民族伟大复兴终将在广大青年的接力奋斗中变为现实。”2016年4月26日，在视察安徽期间同知识分子、劳动模范、青年代表座谈会上的讲话中，习近平强调：“青年是中国特色社会主义事业接班人、是国家的未来和民族的希望......全面建成小康社会，广大青年是生力军和突击队。”从以上重要讲话中，我们可以窥见习近平殷切希望广大青年在实现中华民族伟大复兴的中国梦中矢志奋斗、有所作为。

二、如何培养与发展青年：习近平青年成才观的核心内容

青年的成长与成才是一个系统工程，青年的成长与成才不仅仅指的是拥有知识或掌握某些技能，更多是实现全面发展。青年树立成才观的意义是什么，应当树立怎样的成才观以及青年成才的路径是什么，构成习近平青年成才观的核心内容。

一是要求广大青年要有坚定的理想信念和正确的价值观引领。坚定的理想信念是青年成长成才的指明灯，是广大青年实现梦想和追求的必要条件。理念信念缺失，精神上就会缺钙。广大青年要牢固树立马克思主义信仰，在认识历史规律和基本国情的基础上，不断增强道路自信、理论自

① 十八大以来重要文献选编：上[M].北京：中央文献出版社，2014：277-281.

信、制度自信。青年要将中国特色社会主义共同理念同共产主义远大理想统一起来，并矢志奋斗。青年的价值取向决定了未来整个社会的价值取向，在青年时期确立正确的价值观尤为关键。广大青年要自觉践行社会主义核心价值观，要将社会主义核心价值观内化为坚定的思想信仰和行为上的基本遵循，在实现中国梦的伟大征程中建功立业。

二是鼓励广大青年多读书，提高自身道德修养练就过硬本领。坚定的理想信念、人生理想和价值的实现都离不开青年自身的不断内省与激励，而提高自身素质和修养最好的途径就是读书。读书能增长智慧、启迪心灵、增强本领。习近平同志担任中共浙江省委书记期间的著作《之江新语》中就多次告诫广大干部要“读书修德、知行合一、付诸实践”、要做到“求知善读、贵耳重目”。习近平期望广大青年爱读书、善于读书，学会将书本上的知识运用到社会实践中去，在提高自身道德素养的同时增强本领，在实现中华民族伟大复兴的历史进程中发挥出更大能量。

三是勉励广大青年始终不渝地坚持创新。创新是进步的灵魂，也是国家和社会永葆生机与活力的重要源泉。同样，作为个体，因循守旧、停滞不前、坐享其成、墨守成规，将丧失机遇，无法实现人生价值。机遇总是留给敢于创新、勇于创新、善于创新的人。青年是人生中思维最活跃的时期，也是最有朝气、最敢于打破现状的阶段，广大青年要在学习和工作中逐步培养创新意识，树立创新思维，要善于在学习和实践中发现新问题，敢于在学习和实践中尝试各种新观点、新方法。为此，习近平期望广大青年解放思想、求真务实，要有敢为人先的锐气，敢于突破陈规，超越前人。

四是希望广大青年保持艰苦奋斗的作风。艰苦奋斗是中华民族的传统美德，也是中华民族历经各种磨难逐步走向繁荣昌盛的重要秘诀，中华民族发展史就是一部艰苦奋斗史。青年正是成就事业的黄金时期，更需要努力发扬艰苦奋斗精神。广大青年只有保持艰苦奋斗的精神才能做到居安思危，才能抵御各种诱惑和不正之风，才能进一步拉近与群众之间的感情和联系，才能修炼出崇高的品德和坚忍不拔的意志。习近平期望广大青年立足自身岗位，不怕困难险阻、勇于攻坚克难、充分发扬艰苦奋斗的优良作风，在各行各业中书写精彩人生。

三、如何开展青年工作：习近平青年成才观的落脚点

青年的成长与成才的条件和路径是习近平青年成才观的落脚点。青年的成长成才不仅需要社会各方面力量的关心与支持，更需要广大青年自身的努力与修炼，这充分体现了外因与内因的辩证法原理，是辩证唯物主义在青年工作中的具体运用。习近平就如何开展青年工作提出了以下重要观点。

各级党委和政府要在思想上高度重视青年工作，扮演好引领学生、帮助学生、服务学生的关键角色。在同各界优秀青年代表座谈时习近平指出："各级党委和政府要充分信任青年、热情关心青年、严格要求青年，为青年驰骋思想打开更浩瀚的天空，为青年实践创新搭建更广阔的舞台。"各级党委和政府要努力营造公平公正的环境，不断激发人才的活力和创造力，充分信任和密切关注青年成长。鼓励和支持各级领导干部走入高校、走进学生中间，倾听青年学生的呼声，了解青年学生境遇，关心青年学生成长和发展。

塑造青年模范人物，注重榜样指引。新行为主义的主要代表人物之一A.班杜拉认为，"榜样表现出观察者原本不具备的新的思想模式和行为模式，通过观察，观察者也能形成同样形式的思维和行为。"①青年模范人物是广大青年中的佼佼者，他们大多是在某方面或领域取得了令人瞩目的重要成绩。以大学生思想政治教育为例，在自媒体高度发达的今天，仅靠强行的"理论灌输"效果往往适得其反。而如果运用榜样示范法，可以激励更多的青年人以青年模范为指引，很容易产生思想共鸣。习近平指出："青年模范人物是广大青少年学习的榜样，肩负着更多社会责任和公众期望，在青少年中乃至全社会都有着很强的示范带动作用。"②

① A.班杜拉.思想和行为的社会基础——社会认知论：上册[M].上海：华东师范大学出版社，2001：49.

② 习近平谈治国理政[M].北京：外文出版社，2014：51-53.

发挥共青团组织在青年工作中的主力军作用。共青团组织是聚集青年、引领青年、服务青年、充分发挥青年作用的先锋组织。2016年4月19日，在《共青团中央改革方案》出台前夕的团中央改革动员会上，共青团中央书记处原第一书记秦宜智多次提到青年工作，他提到“要积极适应时代和青年新变化”“要以直接服务引导青年为重”“突出青年主体地位”。共青团组织是党的助手和后备军，同时也在青年工作中发挥着生力军和突击队的作用。共青团组织要以此次《共青团中央改革方案》出台为契机，从顶层设计、服务理念、体制机制、方式方法等方面，不断加大创新力度，增强共青团凝聚青年和服务青年意识，增进广大青年对共青团组织的认同，切实增加广大青年的成就感和获得感。既要为青年成长成才提供平台，又要在思想上、组织上引导青年树立正确的理想信念和价值观，从而引导广大青年在时代的大潮中建功立业。

青年自身需要通过学习树立梦想，通过练就过硬本领成就事业。梦想是指引人前进的动力之源，有梦想的人生才是有意义的人生。广大青年要理解实现个人的梦与中国梦之间的联系，明确在实现中国梦的过程中自身应尽的义务和责任，要将个人的梦与国家的梦、民族的梦统一起来，深刻认识到只有在实现中国梦的历史进程中才能实现自身的梦。广大青年要通过积极努力学习新知识和新技能，积极应对日新月异的社会变革环境。习近平指出：“学习是成长进步的阶梯，实践是提高本领的途径。”①学习是为了更好地指导实践，通过不断的实践来促进进一步的学习。习近平勉励广大青年将学习作为首要任务，当作一种生活方式，通过学习、钻研技能，练就过硬本领，并学以致用，充分发挥广大青年在实现伟大复兴中国梦的征程中的最大能量。

党的十九大报告中指出，“青年一代有理想、有本领、有担当，国家就有前途，民族就有希望。”②近年来，习近平通过国际会议、重要节假日视察高校与师生座谈、与支教支边大学毕业生的书信往来等场合和形式发表

① 习近平谈治国理政[M].北京：外文出版社，2014：51-53.

② 决胜全面建成小康社会　夺取新时代中国特色社会主义伟大胜利——在中国共产党第十九次全国代表大会上的报告[M].北京：人民出版社，2017：18.

了一系列关于青年如何成才以及青年如何自觉践行社会主义核心价值观的重要观点和论述，体现了党和国家最高领导人对新时期青年成为什么样的人才、如何成才以及为谁成才等根本问题的深刻思考。习近平青年成才观是习近平新时代中国特色社会主义思想的重要组成部分，是对马克思主义青年成才观的一贯坚持和创新。共青团组织是党和政府的后备军和助手，更是扮演着广大青年学生思想政治引领的重要角色。因此，全面贯彻习近平青年成才观，可以进一步发挥共青团组织的优势和特点，更好地凝聚青年、联系青年、引导青年、服务青年，在提升广大青年对共青团组织的认同感的同时，使广大青年有更多的获得感。

习近平青年成才观的逐步形成既与他丰富的人生经历有关，也离不开他对当前为实现中华民族伟大复兴中国梦的目标作出的深刻理解与思考。习近平始终将青年的成长与国家、民族的命运联系在一起，他指出："中国的未来属于青年，中华民族的未来也属于青年。青年一代的理想信念、精神状态、综合素质，是一个国家发展活力的重要体现，也是一个国家核心竞争的重要因素。"①习近平关于青年成才系列论述既引经据典，又亲切自然，具有强烈的思想冲击力和穿透力，是广大青年成长成才的指南书。

首先，习近平强调了青年在实现中华民族伟大复兴中国梦中的历史地位。青年是人在一生中思维最活跃的时期，是最富有朝气和梦想的群体，是实现中华民族伟大复兴中国梦的中坚力量。中华民族伟大复兴中国梦是国家富强的梦、是民族振兴的梦、是人民幸福的梦，更是个人出彩的梦。中国梦的实现是一个长期的历史过程，需要一代又一代的有志青年为之奋斗。习近平将青年看作是中华民族伟大复兴的使命承担者，希望广大青年有理想、有责任担当。习近平提出五个"一定要"，表达了对广大青年成长成才的殷切期盼。第一，广大青年在实现中国梦的过程中首先一定要树立坚定的理想信念。理想信念好比是人精神的钙，缺乏理想信念之钙必然会导致各种思想问题。第二，广大青年一定要练就过硬本领。要通过勤奋好学，增强各方面的本领和能力，为成就一番事业奠定坚实基础。第三，

① 在激情奋斗中绽放青春光芒——习近平总书记在中国政法大学考察时的重要讲话引起热烈反响[N].人民日报,2017-5-4(01).

广大青年在实现中国梦的过程中一定要具备创新和创造精神。青年要敢于创造、勇于创新，要做创新创造的先锋和排头兵。第四，广大青年在实现中国梦的过程中一定要矢志奋斗。奋斗是青年永恒的主题，理想的实现绝不是等来的，而是要付出汗水和努力才能得来。第五，广大青年在实现中国梦的过程中一定要养成高尚品格。崇高的道德品质是青年成才的基础和条件。

其次，习近平认为青年自觉践行社会主义核心价值观是青年成才的核心条件。针对当前社会面临的深刻变革，各种社会思潮风起云涌，并借助新媒体工具大行其道，使广大青年在价值观选择上存在着迷茫和困惑。对于处在价值观关键形成期的广大青年来说，选择什么样的价值观，意味着选择怎样的人生发展道路，决定着他是否能成为党、国家和人民需要的人。习近平从日常生活中最常见的扣扣子这一生动的案例阐述了社会主义核心价值观的极端重要性。习近平认为，价值观选择好比扣扣子，如果第一粒扣子扣错了，剩余的扣子都会扣错。这就是说青年要在人生道路最开始的时候就要做好选择，一开始就要形成正确的价值观。习近平认为，青年之所以要培育和践行社会主义核心价值观，是由青年价值取向的重要性决定的。青年价值取向不仅是未来社会价值取向的重要构成，也决定了青年未来自身的发展方向，关系到青年是否顺利成才。习近平对广大青年自觉践行社会主义核心价值观进行了深入思考，提出了“勤学、修德、明辨、笃实”的八字方针，分别从学、德、辨、行等四个方面提出了具体建议，勉励广大青年自觉践行社会主义核心价值观，既饱含丰富的人生哲理，又为青年成才指明了明确的奋斗方向。

最后，习近平认为做好青年工作是帮助青年成长成才的重要保证。青年工作离不开党和政府的领导，党的领导是做好青年工作的根本保证。习近平要求党和政府要充分信任、热情关心青年的成长成才，为广大青年的成长成才做好引导、服务和保障，为广大青年的成长制定完善的举措，提供施展才华的舞台，为他们的发展提供坚实保障和良好环境。党委和政府要特别注意培养和选拔德才兼备的青年干部，充分发挥广大青年在实现伟大复兴中国梦的重要作用。立德树人是高等教育之根本，而高等教育使命的承担者是教师。因此，习近平也特别注重教师群体的地位和作用。他要求广大教师应当努力承担起传道授业解惑的神圣使命，要以崇高的道德品质和广博的专业知识做好青年学生成长成才的引路人和人生导师，“要加强师德师风建设，坚持教书和育人相统一，坚持言传和身教相统一，坚持潜心问道和关注社会相统一，坚持学术自由和学术规范相统一，引导广大教师以德立身、以德立学、以德施教。”①

习近平青年成才观是由一系列重要观点组成的思想体系。它既具有深邃的历史眼光，又具有高瞻远瞩的现实胸怀，是坚持和应用辩证唯物主义和历史唯物主义的光辉典范。它立足于中国特色社会主义实践，将青年的成才观纳入实现中华民族伟大复兴梦想中去理解，帮助广大青年清醒地认识到其在实现伟大复兴中国梦中的地位和作用。习近平青年成才观具有丰富的思想内涵与时代价值，它是当前乃至今后一段时间做好青年思想政治教育工作的重要指针，进一步继承和发展了马克思主义青年思想政治教育的内容，开拓马克思主义青年思想政治教育的新境界，指明了青年工作的前进方向，也是广大青年时刻可以参照的成长指南。在实现中华民族伟大复兴中国梦的社会进程中，习近平青年成才观有利于更好指导青年学生成长成才，更好地引导青年学生肩负起在中国特色社会主义伟大事业中的时代担当。此外，青年发展工作是党的事业的重要组成部分，习近平青年成才观为推动党的事业发展提供了新的思路和不竭动力。广大青年在习近平青年成才观的指引下，必将在中华民族伟大复兴中承担更多的责任，从而为实现中华民族伟大复兴的中国梦贡献自身的力量。

第二节　新时代青年大学生践行社会主义核心价值观内在机理

社会主义核心价值观是社会的稳定器，是“当代中国精神的集中体现，

① 习近平.把思想政治工作贯穿教育教学全过程 开创我国高等教育事业发展新局面[N].人民日报,2016-12-9(2).

凝结着全体人民共同的价值追求”。党的十八大提出二十四字的核心价值观，是对社会主义核心价值体系的高度凝练和精准概括，从国家、社会、公民三个维度简明、准确、全面地概括了中国特色社会主义的奋斗目标、本质特征和实践要求，是党进行理论创新的重要成果。社会主义核心价值观集继承性、创新性、先进性、广泛性于一体，将国家、社会、公民的价值要求融为一体，凝聚当代广大人民群众的价值共识。党的十八大以来，习近平总书记在多次场合强调要培育和践行社会主义核心价值观，并就新时代我们提倡和坚守什么样的核心价值观，为何要对青年大学生朋友反复讲核心价值观、培育和践行社会主义核心价值观方法路径等方面均作出重要论述。

一、青年大学生为什么要培育和践行社会主义核心价值观

（一）是由青年大学生在中华民族伟大复兴事业中的地位决定的

青年大学生是国家的希望、民族的未来，是实现中华民族伟大复兴中国梦的主体力量。青年大学生的价值取向决定了整个社会的价值取向。青年大学生选择什么样的价值观，不仅关乎个人成长成才，更决定了我国社会主义现代化事业的前途和命运。实现中华民族伟大复兴的中国梦希望在青年。重塑和培育社会主义核心价值观，关键也在青年。社会主义核心价值观是推动中华民族伟大复兴最持久、最深层的精神力量，是建设中国特色社会主义强大的精神动力。青年大学生培育和践行社会主义核心价值观，关系到中国特色社会主义伟大事业能否实现，具有重要的战略意义。

（二）是由青年大学生的成长特点决定的

青年大学生在生理和心理上处于迅速发育成熟的阶段，较之少年，他们更加的成熟和稳重，对人生选择和价值取向也具有方向性和独立性。他们思维活跃、精力充沛、富有激情和梦想、敢于创新，充满生机和活力。但广大青年身处互联网信息时代，强烈的求知欲使广大青年通过各种途径

获取知识和信息。青年还没有十分系统地学习和掌握科学的思想体系，对互联网中充斥的各种纷繁杂芜的社会思潮本质认识不清，使他们也容易受到各种错误思想和观念的侵袭，从而陷入困惑和迷茫之中。青年是世界观、人生观、价值观形成和确立的关键时期，具有很强的可塑性。习近平总书记十分亲切地将人扣扣子这一生活化的习惯作为比喻，认为“如果第一粒扣子扣错了，剩余的扣子都会扣错”。青年在这一时期确立的价值观念，不仅影响青年个人的人生价值，更决定了整个社会的未来走向。因此，加强对广大青年价值观引导，显得极为关键。

（三）是由培养担当民族复兴大任时代新人的任务决定的

社会主义核心价值观的培育归根结底是“做人的工作”，是涉及思想上的认知和价值认同工作，是触及人的思想和灵魂的工作，是解决人的价值取向和思想信仰问题。培育什么样的价值观与培养什么样的人息息相关。当前，西方的一些腐朽的价值观如自由主义、拜金主义、享乐主义、极端个人主义等渗透到我国后，给我国社会带来了不利的负面影响，在一定程度上对我国社会主义核心价值观教育产生了冲击。西方霸权主义国家利用政治、经济和军事手段直接占领和控制他国的传统手段越来越引起国际社会的警惕和防范，而文化软实力的作用越来越受到霸权主义国家的青睐，文化的软实力和话语权优势已经逐步成为衡量综合国力的重要体现。因此，增强文化的感召力和吸引力、提升文化软实力已经逐渐成为各国争夺道德制高点的重要手段。而“核心价值观是文化软实力的灵魂、文化软实力建设的重点”。①

二、青年大学生怎样践行社会主义核心价值观

（一）提高思想认知是培育青年大学生社会主义核心价值观的前提

青年要坚持不懈地加强对社会主义核心价值观的理论学习，深化社会

① 习近平谈治国理政[M].北京：外文出版社，2014：163.

主义核心价值观具体内容的认知和理解，这是社会主义核心价值观内化和外化的逻辑起点。理论学习是获取社会主义核心价值观的重要手段和途径，大学生思想政治理论课堂是获取社会主义核心价值观的直接途径，通过课堂，大学生可以对社会主义核心价值观的内涵、形成和发展的历史脉络、践行要求以及践行路径等都会有系统的认知。在课堂教学中，教师要帮助广大青年学生深刻认识富强、民主、文明、和谐是国家层面的价值目标，自由、平等、公正、法治是社会层面的价值目标，爱国、敬业、诚信、友善是公民个人层面的价值目标，要讲清楚三个价值目标之间的逻辑关联，让广大青年大学生认识到培育和践行社会主义核心价值观的重大意义，让他们认识到培育和践行社会主义核心价值观有利于巩固和发展社会主义制度；有利于巩固马克思主义的指导地位；有利于巩固党和人民的共同思想基础；有利于推动科学发展，促进社会和谐；有利于提高提升国家文化软实力；有利于促进人的全面发展，促进社会不断进步；有利于汇聚全面建成小康社会，实现中华民族伟大复兴中国梦的强大正能量。通过深入了解社会主义核心价值观凝练过程，引导广大青年学生按照2014年5月4日习近平总书记在北京大学师生座谈会上提出的八字要求，即“勤学”“修德”“明辨”“笃实”，自觉用社会主义核心价值观鞭策观照自己，在践行社会主义核心价值观中不断实现自己的人生理想。

（二）提高内化与认同是培育青年大学生社会主义核心价值观的关键

社会主义核心价值观的认同就是社会成员将核心价值观内化为自己的情感意识、意志、信仰的心理过程。社会主义核心价值观仅仅靠外界的理论灌输、舆论宣传还不够，还需要通过环境熏陶、情感体验、心理诱导、榜样示范的手段和方式进一步提升认同。青年大学生要想将社会主义核心价值观内化为自身的信仰和追求，需要不断增进情感认同和价值认同。内化与认同是以认知为基础，但又高于认知阶段的。社会主义核心价值观从认知到认同，需要经历漫长而复杂的心理转化，需要个体经过无数次的价值评价、判断、总结、反思、比较，逐渐将社会主义核心价值观整合转化为自己的价值体系，从而形成崭新的思想观念。广大青年学生要通过各种社会实践增长知识、开阔眼界、陶冶情操、提高素质。在社会主义核心价值观教育的过程中要注重语言转化，将深刻的道理用通俗易懂的语言表达出来，增强语言表达的艺术性。还可以通过先进典型的评选，营造浓厚的学习氛围，用社会主义核心价值观潜移默化地影响学生的思想观念，提升认同。

（三）践行社会主义核心价值观是培育青年大学生社会主义核心价值观的归宿

马克思在谈到实践的重要性时认为“哲学家们只是用不同的方式解释世界，问题在于改变世界”。[①]青年大学生对社会主义核心价值观认知与内化的效果如何，最终是需要实践来检验的。社会主义核心价值观的生命力在于实践性。青年大学生还应当在实践中不断深化核心价值观认知，逐步形成价值认同，在实践中感受社会主义核心价值观强大的感召力和凝聚力，让共同的理想信念，爱国主义精神，民族精神社会公德等成为指导自己行为的内在准则。践行社会主义核心价值观的过程实际上就是用社会主义核心价值观指导实践行为的过程，通过践行将社会主义核心价值观落实到日常生活中。青年大学生获取知识不仅要从书本中学，还要从实践当中学，要在实践中不断地提高自己，自觉投身到中国特色社会主义伟大实践中去，到祖国和人民需要的地方去，到艰苦的地方去磨炼意志，提升品质，将所学的知识运用于实践，在实践中培养爱国主义精神、创新精神、奉献精神。在实践中将社会主义核心价值观作为自己行动的指南，促进大学生社会主义核心价值观的外化。

① 马克思恩格斯选集：第一卷[M].北京：人民出版社，2012：136.

第三节　用习近平青年成才观引领高校共青团发展

高校共青团的工作理念、工作方式，应随着形势的变化而不断与时俱进，不断改进和完善自身职能才能适应时代要求。新时代，高校共青团面临的新形势、新任务、新挑战，高校共青团工作存在的薄弱环节和突出问题，如思想引领、组织机制、活动形式和服务形式、吸引力和凝聚力等方面都面临着挑战，高校共青团必须补齐短板，革故鼎新，对高校共青团职能进行再定位。2015年7月，在党的群团工作会议上习近平总书记强调，共青团要以先进引领后进，以文明进步代替蒙昧落后，以真善美抑制假恶丑，教育引导广大人民群众不断提高思想觉悟和道德水平，坚定走中国特色社会主义道路，自觉践行社会主义核心价值观。2015年7月，中共中央颁发《关于加强和改进党的群团工作的意见》，强调“工会、共青团、妇联等群团组织要以提高吸引力、凝聚力、战斗力和扩大有效覆盖面为目标”。2018年7月2日，习近平在同共青团中央新一届领导班子成员集体谈话时强调，共青团要更好联系服务青年，扩大团的工作覆盖面，强化服务意识、提升服务能力。在新时代，高校共青团改革的逻辑起点就是对共青团职能的重新定位，高校共青团的工作职能体现了共青团组织的地位和存在价值，是共青团的生命线。高校共青团组织应结合自身的特点，适应新时代内外部环境的变化，在保持共青团工作“政治性”“先进性”“群众性”的基础上，对高校共青团工作的功能进行重塑。

一、新时代高校共青团功能定位

（一）思想引领功能

《中国共产党章程》对共青团的性质和地位做了明确规定，指出：“中国共产党青年团是中国共产党领导的先进青年的群众组织，是广大青年在实践中学习中国特色社会主义和共产主义的学校，是党的助手和后备军”。政治性是共青团的核心和灵魂。共青团必须在思想上、政治上、行动上要同党中央保持一致。青年学生是最具活力的社会群体，他们的政治素质、政治觉悟、政治态度及价值取向，关系到党的执政根基。因此，高校共青团的政治职能，就是巩固和扩大党执政的青年群众基础，要将培养中国特色社会主义合格建设者和可靠接班人作为根本任务。高校共青团思想引领的根本任务，就是在思想上、信仰上引导学生，培养和引导学生正确的价值取向，将广大青年培养成中国特色社会主义的可靠接班人。

（二）动员组织功能

高校共青团组织框架决定了其在做青年工作的时候具有得天独厚的优势。高校共青团可以根据学生个体的兴趣和特长，在了解学生的身心特点的基础上，满足他们多样化的发展需求。同时广大青年团员既是高校共青团的工作对象，又是高校共青团的组织成员，这为他们开展高校共青团工作带来了天然的便利。高校共青团要充分整合和利用各种资源和条件，服务学生、为学生搭建学生与社会之间的桥梁和纽带，给青年学生创造更多接触社会的机会和平台，拓宽学生视野。

（三）服务青年功能

培养和服务青年学生是高校共青团的核心内容，高校共青团组织要深入学生、了解学生，将解决思想问题和实际问题结合起来，在价值取向上，坚持促进青年发展为最高目标。价值定位上，要将每一个青年视为能动的、有潜能的独立个体，并给予充分尊重和信任。在培养目标上，要培养青年的自我发展意识，促进青年德智体美劳全面发展。在功能定位上，要创造各种环境和条件，搭建各种平台和机制，激发青年发展的动力，满足青年发展的内在需求。在实现方式上，要充分整合各类资源，协助第一课堂，抓好第二课堂和第三课堂，形成立体化、全方位的人才培养体系。

（四）维护青年合法权益功能

维护青年合法权益，是高校共青团的基本职能之一，也是高校共青团工作的职责和使命。高校共青团要遵循依法治校的基本精神，以青年大学生的成长为核心，以青年学生权益保障为宗旨，构建青年学生权益保护机制，推动学生服务管理的法治化。高校共青团要帮助广大青年学生提高权益保护意识，整合保护青年学生权益项目，搭建创新活动平台，扩大高校共青团依法保护青年学生的覆盖面和惠及面。此外，高校团委的工作人员要不断提升法治思维，提高法治素养。高校要着力构建高校法治文化和人文环境，为高校共青团依法保护青年学生权益创造良好氛围。

高校共青团要努力增强政治性、先进性、群众性。习近平强调："保持和增强党的群团工作的政治性，关键是群团组织必须自觉坚持中国共产党的领导。"①这是共青团组织开展工作的首要原则，离开政治性，共青团组织就会犯各种错误。共青团组织必须要在党的领导下开展工作，思想上政治上行动上始终与党中央保持一致性，自觉贯彻党的意志和主张，立场坚定，旗帜鲜明。先进性是共青团组织动员和凝聚广大青年的重要砝码，也是共青团永葆生机与活力的重要源泉。群众性既是马克思主义理论的基本观点，又是共青团组织必须贯彻的工作方法。保持和增强群众性需要共青团组织开展工作要始终以群众的根本利益为出发点和落脚点，充分依靠群众，广泛发动群众，不断巩固共青团的群众基础。

高校共青团要努力帮助广大青年确立坚定的理想信念。在同共青团中央新一届领导班子集体谈话时，习近平指出："共青团要努力帮助广大青年树立为实现中华民族伟大复兴的中国梦而奋斗的远大理想，坚定走中国特色社会主义道路的人生信念。"②要将社会主义核心价值观教育贯穿于整个共青团工作的每一环节，充分发挥显性教育和隐性教育的作用，充分利

① 中共中央文献研究室．习近平关于社会主义政治建设论述摘编［M］．北京：中央文献出版社，2017：190.

② 中共中央文献研究室．习近平关于青少年和共青团工作论述摘编［M］．北京：中央文献出版社，2017：64.

用好第二课堂和第三课堂的作用，辅助和巩固第一课堂的效果。要经常性开展社会主义核心价值观主题教育活动，将社会主义核心价值观教育落小落细，使广大青年学生认识到践行社会主义核心价值观与他们的生活息息相关。

高校共青团要努力扩大工作的有效覆盖面，了解广大青年的兴趣和追求，尽力满足广大青年的需求。习近平指出："扩大有效覆盖面，首先团组织要努力做广大青年值得信赖的贴心人"。[①]共青团组织要适应当前社会发展特点，广泛延伸团组织的覆盖范围，多关注新兴群体的思维特点，多关注农村青年大学生面临的困难与难题，深入到这些群体当中引导他们，倾听他们的呼声、关心关爱他们，帮助他们解决问题和困难，让广大青年有归属感和获得感。高校共青团还要及时掌握网络空间信息与动态，利用网络载体开展弘扬主旋律教育，占领网络意识形态制高点，用正能量去感染广大青年，引导广大青年自觉抵制网络负面信息，提高他们的辨别是非能力。高校共青团还要善于引领时尚和风气，努力创新工作方法，用广大青年喜闻乐见的方式去开展共青团工作，提高广大青年的参与度，激发他们自觉地关心、支持共青团工作。

二、用习近平青年成才观引领高校共青团发展

习近平青年成才观为高校共青团工作提供了根本指导，是新时代高校共青团工作的基本遵循。高校共青团的核心使命是对大学生进行思想引领，要以"立德树人"为根本，通过多种渠道和载体引导广大学生培育和践行社会主义核心价值观，帮助广大团员青年树立远大的共产主义理想，切实增强广大团员青年的使命感和责任感，为实现"两个一百年"和中华民族伟大复兴中国梦而努力奋斗。高校共青团要构建社会主义核心价值观引领机制，创新工作方式方法，提升思想引领的效果和影响力。

① 中共中央文献研究室.习近平关于青少年和共青团工作论述摘编[M].北京：中央文献出版社，2017：65.

（一）建立和完善实践育人机制，促进志愿服务活动常态化和精准化

志愿服务是承担高校共青团服务育人的重要载体，高校共青团要制定一系列志愿服务规章制度，使志愿服务活动做到有章可循、有制可依，通过建章立制，可以让志愿服务在内容上更有创新、形式上更加丰富、育人功能更加凸显。高校共青团要根据服务对象的不同，实施不同内容和不同形式的志愿服务活动。针对当前社会志愿服务团队越来越多，覆盖面越来越广，但志愿服务的内容却重复化、机械化等倾向，高校共青团要学会统筹布局，主动思考服务对象需要什么样的志愿服务，如何达到服务效果等根本问题，从而逐步改变服务对象“被服务、被志愿”等现状，进一步提高志愿服务活动精细化、精准化水平，吸引广大被服务对象主动参与进来。

（二）要善于用新媒体创新共青团工作方式和方法，用先进文化及正面舆论积极抢占网络阵地

新媒体承载信息量大、内容丰富、声情并茂和即时性特点使得高校共青团和青年这两大主体的地位发生了根本性变化。信息掌控难度的加大、纷繁杂芜的信息量以及真伪信息传播的同等权等问题的存在，使得高校共青团思想政治引领的难度陡然增加。当前新媒体发展方兴未艾，广大青年在特定的时空语境下成长，高校共青团无论是在理论学习还是在社会实践中都要了解和掌握新媒体时代下的话语特点，善于跟踪和捕捉青年大学生关注的焦点和兴趣点，用正确的思想理论和正能量的态度去积极抢占网络制高点，要学会用广大青年喜闻乐见的话语体系去传播正能量。积极用新媒体技术吸引广大学生参与到各类主题教育中来，增强社会主义核心价值观教育的感召力和吸引力，增强辨别能力、自觉抵制网络错误价值观的侵袭。

（三）共青团要努力发掘中国优秀传统文化、继承和发扬红色文化等各类优秀文化，引领广大青年将社会主义核心价值观落小落细

优秀传统文化是中华民族的文化基因，也是社会主义核心价值观的重

要思想源泉。习近平认为："中华传统美德是中华文化精髓，蕴含着丰富的思想道德资源。不忘本来才能开辟未来，善于继承才能更好创新。"[①]如何将传统与现代融合、如何将传承与创新结合起来是关系到社会主义核心价值观效果的呈现。高校共青团可以组织线上或线下传统文化主题教育活动，如朗读国学经典、读家训、寻家史、拍摄传统文化微电影、宣传片等理论和社会实践形式丰富社会主义核心价值观教育载体，将传统文化中蕴含的社会主义核心价值观理念通过显性或隐性的方式逐步渗透到青年学生的日常学习和生活之中，通过内化自身和外化力行的方式，使得广大青年学生将自觉践行社会主义核心价值观作为一种义务和使命，并将社会主义核心价值观理念融入身边的学习和生活中。

（四）充分发挥典型示范，用榜样的力量激发广大青年朝理想目标奋斗

典型和榜样必然是承载着社会主义核心价值观的重要特征和道德品质，是广大青年学习社会主义核心价值观可学、可见、可感的标杆和旗帜。典型和榜样可以最大限度地激励、教育、感化被教育对象。高校共青团可以树立典型，为广大青年提供可参考的范本，为广大青年指明、培育和践行社会主义核心价值观为什么做、如何做、怎么做等问题。高校共青团要积极主动地发掘校内校外典型，使广大青年学生感受到典型和榜样就在自己身边，通过典型和榜样的激励，使他们在思想上情感上产生强烈共鸣，从而达到"见贤思齐而思进取"的效果。榜样示范的形式多种多样，网络访谈、先进事迹报告会、校园网、官方微信公众号等媒体宣传、成绩图片展都是榜样示范的有效形式。高校共青团在组织和开展典型示范活动时要想达到预期效果，就必须要契合学生的话语体系、注重从自身经历出发、情理结合、以小见大，声情并茂，形成强烈的视觉冲击从而达到思想启迪和心灵震撼的效果。

① 习近平谈治国理政[M].北京：外文出版社，2014：164.

第八章 校园视域下培育高校大学生社会主义核心价值观的路径

第一节 发挥思政课第一课堂与第二课堂协同作用

一、思政课第一课堂融入社会主义核心价值观的方法与路径

高校思想政治教育理论课是培育社会主义核心价值观的主渠道、主阵地。第一课堂可以在短时间内帮助广大学生深刻领会社会主义核心价值观的深刻内涵和精神实质。第一课堂有其他课堂无法比拟的优势，可以弥补第二课堂载体欠缺、时效不足和管理弱化的问题。2004年，中共中央、国务院印发的《关于进一步加强和改进大学生思想政治教育的意见》中指出，“高等学校各门课程都具有育人功能”。思政课更是如此，如“马克思主义基本原理”课重点从哲学的角度去理解价值观，帮助同学们弄清楚马克思主义是社会主义核心价值观的指导思想和灵魂；“毛泽东思想和中国特色社会主义理论体系概论”课可以从推动社会主义文化繁荣兴盛和坚持在发展中改善和保障民生视角对社会主义核心价值观进行分析；“思想道德修养与法律基础”课可以从发扬爱国主义传统、坚定理想信念、遵守法律法规和日常行为规范等角度剖析社会主义核心价值观国家、社会和个人三个层面的内容；“中国近代史纲要”课可以从历史的维度讲解培育和践行社会主义核心价值观的重要性和必然性、社会主义核心价值观产生的历

史逻辑；“形势与政策”课可以从倡导社会主义核心价值观的历史背景、重大意义、主要内容等方面进行讲解。各门思政课程要将社会主义核心价值观的内容深度融入，可以从以下几个方面着手：一是激发学生的爱国主义情感。发扬中华民族传统美德，增强他们的民族自尊心、自信心、自豪感，坚定“四个自信”，帮助学生深刻理解实现中华民族伟大复兴的伟大梦想与实现个人理想之间的关系。二是培养和塑造学生价值共识。通过生动的案例讲解自由、平等、公正、法治的内涵，播下真善美的种子，让他们更加坚定听党话，跟党走。三是融入公民道德建设内容。帮助学生不断提高自身道德修养，引导他们形成和谐的人际观。

思政课教师要不断地创新课堂教学方式和方法，将政治理论与当前所处的时代背景结合起来。用学生身边的人、身边的事作为案例讲授，创新话语表达形式，用学生喜闻乐见的话语方式深入浅出地将大道理转化为小表达，做到“有知有味”。要充分尊重学生的主体地位，引导他们进行自我认识、自我评价、自我监督、自我教育，在潜移默化中自觉主动地接受社会主义核心价值观教育。

除思政课之外，高校其他专业课程和通识课程，也应深入探索将“课程思政”浸润到每个课程的教学环节。2016年12月7日至8日习近平总书记在全国高校思想政治工作会议中指出：“其他各门课都要守好一段渠、种好责任田，使各类课程与思想政治理论课同向同行，形成协同效应”。专业课、通识课既有求真职责，也有求善功能，专业课和通识课不仅要帮助学生“专业成才”，更要促进“精神成人”。

第二课堂是第一课堂的重要延伸，可以很好地弥补第一课堂教学环节存在的单向灌输、方式单一、认识偏差等问题。强化第二课堂育人功能，也是大学生践行社会主义核心价值观的重要着力点。高校大学生社会主义核心价值观的培育不仅在于对大学生进行系统知识传授，更在于通过社会实践将社会主义核心价值观进行外化。第二课堂可以帮助广大学生了解社会，接近群众，引导他们在社会实践中了解国情、社情、民情，增强服务社会本领。在培育社会主义核心价值观的过程中，高校可以针对不同年级的学生开展不同类型、不同层次、不同阶段的社会主义核心价值观教育。

党的十八大报告指出："教育是中华民族振兴和社会进步的基石。要坚持教育优先发展，全面贯彻党的教育方针，坚持教育为社会主义现代化服务的根本任务，培养德智体美全面发展的社会主义建设者和接班人。"高校是培养人才的重要场所，大学生能否成才关系到社会主义现代化建设事业的未来。而社会主义核心价值观对大学生的思想行为有着重要的导向作用，能否自觉引导、动员、推动大学生在社会实践中沿着正确的方向前进，直接关系到党的事业发展的全局，关系到社会主义核心价值观教育的成败。因此，做好大学生的社会主义核心价值观教育工作也是高校的重要任务。2004年中共中央、国务院颁发的《关于进一步加强和改进大学生思想政治教育的意见》指出："思想政治教育工作队伍是加强和改进大学生思想政治教育的组织保证。"高校辅导员与思想政治理论课教师是提高大学生政治理论水平和思想道德修养的骨干力量。高校辅导员和思想政治理论课教师队伍（以下简称"两支队伍"）一方面要不断地向大学生传播先进的思想和科学理论，进行系统的马克思主义理论和思想品德教育。另一方面，也要充分联系大学生的生活实际，及时指导大学生正确分析与认识各种社会思潮、意识形态和道德观念的本质和内涵，提高其辨别是非的能力，引导学生加强思想道德修养。高校辅导员和思想政治理论课教师是大学生成长的指导者、引路人和知心朋友，是广大学生的人生导师。大学生的健康成长需要思想政治教育工作者尤其是高校辅导员和思想政治理论课教师这两支队伍的指导和帮助，必须依靠这两支队伍按照青年的成长规律适应新形势，有针对性地对大学生进行社会主义核心价值观教育。两支队伍向大学生传播先进的思想和科学理论，指导他们在形形色色的社会思潮中做出正确的选择，增强辨别是非的能力，帮助大学生解决学习生活中遇到的实际困难，在深入细致的日常教育管理中推动大学生的全面发展，促进大学生健康成长成才。两支队伍在社会主义核心价值观教育工作中特点各异，各自都发挥着重要作用，"思想政治理论课教师、辅导员是大学生思想政治教育的骨干力量，推进思想政治课教师和辅导员两支队伍的结合，对增强高校思想政治教育实效性具有十分重要的战略意义”[①]，培育大学生社会主义核心价值观离不开思想政治理论课教师和高校辅导员的协同配合。但从目前来看，两支队伍之间的协同配合力度不够，在一定程度上制约和影响着社会主义核心价值观教育工作效果。

二、两支队伍社会主义核心价值观教育协同配合的必要性及意义

高校辅导员主要负责大学生日常思想政治教育，而思想政治理论课教师则偏重于教学实践。高校辅导员与思想政治理论课教师的关系，反映了日常思想政治教育与思想政治理论课程教育的关系。因此，这两支队伍协调配合的必要性，在根本上说就是日常思想政治教育与思想政治理论课程教育紧密结合的必要性。日常思想政治教育活动主要由辅导员为主组织实施，具有全面性、综合性、贴近性和自主性等特性。与日常思想政治教育相比，思想政治理论课程是以课堂教学为主的方式进行思想政治教育活动，专业性、系统性、计划性和主导性是思想政治理论课程的主要特征。日常思想政治教育与思想政治理论课程教育的密切关系。日常思想政治教育与思想政治理论课程教学的关系，在一定意义上，是“两个课堂”之间的关系。思想政治理论课程教学是“第一课堂”，日常思想政治教育是“第二课堂”，二者在工作目标与任务、教育内容与过程、教学方式与方法等方面有着非常密切的关系。两支队伍协同配合对学生社会主义核心价值观教育工作具有十分重要的意义：一、对学生发展而言，学生是学校开展社会主义核心价值观教育工作的对象，也是社会主义核心价值观教育工作的出发点和归宿点。高校辅导员和思想政治理论课教师思想政治教育协同配合可以使两支队伍充分发挥各自职能，通过课堂教学、日常教育管理的有机统一，将第一课堂和第二课堂相互融合，有效改进和完善社会主义核心价值观教育的手段、方式和方法，可以极大增强社会主义核心价值观教育的效果，对大学生的世界观、人生观、价值观的正确形成及身心健康产

① 刘华才，刘晓云．高校思想政治理论课“教师-辅导员结合”教学模式的内涵、属性及特殊效能［J］．武汉科技大学（社会科学版），2012（3）：331-333.

生深远影响。二、对学校发展而言，高校作为培养社会主义现代化建设高级专门人才的摇篮，作为社会主义精神文明建设的重要窗口，是思想政治教育工作的重要阵地。高校辅导员和思想政治理论课教师思想政治教育协同配合不仅是学校思想政治工作方式的重要创新，也是学校改进传统的社会主义核心价值观教育工作方法的重要探索。两支队伍的相互配合、相互补充，是新时期学校改革的一个重大举措，对学校发展具有十分重大的战略意义。三、对社会发展而言，高校教育要以服务社会为根本目的，以就业为根本目标，培养学生德、智、体全面发展的有用人才，两支队伍的相互配合可以实现理论教学与实践辅导相结合，理论教育与思想教育相结合，最终达到知与行的统一。两支队伍的相互补充可以弥补单方开展思想政治教育工作的不足与缺陷，使学生不仅能掌握科学文化知识，还可以增强他们的实践能力，为社会的全面协调可持续发展做出贡献。

三、两支队伍社会主义核心价值观教育协同配合中存在的问题与不足

近年来，由于各高校在探索社会主义核心价值观教育工作中都做出了不同的尝试和创新，高校也大都比较注重多部门、多主体之间的沟通和协调尤其是辅导员和思想理论课教师之间的配合，开设和举办不同形式的社会主义核心价值观教育专题培训，旨在增强社会主义核心价值观教育工作的针对性和实效性。但在当前，辅导员和思想政治理论课教师之间的协同配合仍然许多突出问题。

（1）两支队伍思想认识不够，尚未形成相互配合意识。“目前我国高校在辅导员选留中对其学科背景、专业素养、研究能力与学生工作的内在联系考虑不多，结果使辅导员队伍缺乏专业化方向，缺乏开展高水平理论研究和深层次实践工作的学术支撑。而工作中，辅导员过多的角色占据了其很大的精力，整天应付繁杂的具体琐事，再加上一些辅导员工作方式仍然是‘保姆型’或者‘管理员型’，导致其很难有精力对所从事的思想教育和日常管理工作深入学习和研究，及时总结和深度思考思想政治教育工作

的实践经验及科学规律，制约着自身专业素养的提高。”[①] 而对于承担大学生思想政治教育主渠道的思想政治理论课教师而言，其重心多集中在课堂，与辅导员并无过多交流。因此，社会主义核心价值观教育完全被割裂为两个毫不相干的部分，辅导员不了解学生课堂教学思想动态，思想政治理论课教师也不了解学生日常的思想动态。再加上一些高校对辅导员和思想政治理论课部门的领导机制存在较大差异，以及学校对两支队伍的岗位职责、岗位任务等差别化对待，导致长期以来两支队伍认为完成各自职责即可，没有必要配合，逐渐缺乏相互配合意识。

（2）两支队伍分工不够明确，学校无协调性机构统筹安排。学校有统一的机构统筹协调是两支队伍做好学生社会主义核心价值观教育工作的重要组织保证。然而，当前很多高校并不存在类似的统筹机构，基本上实行的是双轨制管理模式，虽然对两支队伍的岗位职责、岗位任务作了明确划分，却没有对两支队伍的协同配合做出有益尝试。此外，传统的观念认为“思想政治理论课在绝大多数情况下只是被作为课程看待，教育过程没有有效地延伸到学生丰富多彩的实际生活中去，忽略了其不同其他专业课程的思想政治教育特点，教师只是进行教学工作，不参与解决学生思想教育实际问题。”[②]这种传统观念的存在也影响和阻碍着两支队伍配合统筹机构的形成与构建。

（3）两支队伍对协同配合的内容和形式无明确认知，缺乏具体规划。协同配合的内容是协同配合的载体。当前，两支队伍仅限于课外交流学生的思想状况，对通过什么样的渠道和途径来增强社会主义核心价值观教育工作的效果并无具体的规划和认知。辅导员对学生日常思想动态比较了解，但辅导员的多元专业背景导致他们对学生思想中各种政治和社会问题面临的各种困惑难以给予有效解答，另外对各种政治理论的解读和阐释存在一定的局限，对政治理论问题的认识和解决也缺乏有效办法。思想政治

① 蒋占峰.高校思想政治理论课教师兼任辅导员的几点思考[J].思想理论教育导刊，2008(9)：88-91.

② 秦淑娟，梁存宁.思想政治理论课教师与辅导员合力育人机制研究[J].思想理论研究，2010(21)：84-88.

理论课教师更多关注自身的专业知识，对学校层面的社会主义核心价值观教育工作的总体目标和规划缺乏全面认识和了解，仅限于书本知识的教学，大大影响了思想政治理论课教学的针对性与实效性。

（4）两支队伍协同配合考核指标体系尚未确立，配合效果无法评估。协同配合效果如何，需要通过量化的指标体系才能体现出来。当前，两支队伍协同配合考核指标体系不完备，即使制定了考核体系，指标也过于宽泛且不具备操作性。两支队伍对相互配合工作的内容执行效果无法知晓，教学测评体系、教学管理制度、实践教学制度、奖励表彰制度不健全，例如，辅导员辅助思想政治理论课教师完成部分教学也没有按课时量与工作量计算，思想政治理论课教师协助辅导员承担部分的日常教育管理工作也没有纳入考核体系中来，尤其是没有将两支队伍协同配合作为业绩指标纳入教师、干部职务晋升制度等，将极大地影响着两支队伍协同配合的积极性和创造性。

四、两支队伍社会主义核心价值观教育协同配合的途径与措施

由于辅导员和思想政治理论课教师工作在学生的第一线，掌握和了解学生课堂思想动态和学生日常行为，职业的优势和特点使得两支队伍在学生社会主义核心价值观教育工作中发挥其他部门所发挥不了的重要作用。因此，从某种意义上说，两支队伍协同配合的效果如何，对大学生社会主义核心价值观教育有着决定性影响。

（1）充分挖掘两支队伍各自的潜在优势，增强两支队伍协同配合意识。要想改变两支队伍各自为政的工作现状，需要充分了解和把握两支队伍在社会主义核心价值观教育中各自的特点和优势，发挥各自长处和优势，如充分发挥辅导员在学生工作第一线，对学生日常思想动态较为了解的优势，结合思想政治教育理论，针对学生的思想状况有针对性地答疑解惑，与思想政治理论课教师通力合作，弥补理论上认识的不足。思想政治理论课教师也不仅限于课堂知识教学，而应该多与辅导员合作开展学生日常思想政治教育实践，将自身的专业知识运用于学生的日常实践，为实践提供

科学有效指导。两支队伍要逐步形成配合意识，双管齐下，才能实现社会主义核心价值观教育工作理论与实践的统一，从理论到实践两方面保证社会主义核心价值观教育的效果。

（2）加强协调配合的组织领导，成立统一管理机构。高校在校级层面上统一成立学生社会主义核心价值观教育工作领导机构，把日常思想政治教育和思想政治理论课教育教学的两方面管理工作都纳入其中，为辅导员与思想政治理论课教师的协调配合提供有效组织保障。学校层面应从领导保障机制上指导两支队伍的协同配合，例如可以成立社会主义核心价值观教育工作协同配合小组，明确指导思想，制定相关制度章程，定期调研并召开专题研究会议或论坛，这样可以有效改善思想不统一、内容不明确等状况，及时解决学生社会主义核心价值观教育工作中出现的一些问题。当然，辅导员与思想政治理论课教师的协同配合也不仅仅牵涉到这两个主体，学校各行政部门也要参与其中，出谋划策，共同做好学生的社会主义核心价值观教育工作。

（3）构建协调配合新机制，将配合活动定期化、常态化。通过统一协调，从组织上、制度上、经费上等各方面都给予保障，充分发挥各自优势，确保将配合内容落到实处。在学校统一协调下，辅导员和思想政治理论课教师要着重针对大学生思想政治教育的重要活动环节，开展具体的协调配合工作，形成优势互补、相互促进的新局面。如思想政治理论课教师可以利用自身扎实的专业课知识多参加学生党团组织生活、学生社团的理论指导建设以及学生社会实践，推动理论实践的开展等。辅导员也可以积极参加思想政治理论课教学实践，加强和思想政治理论课教师在思想政治教育的理论与实践问题课题研究交流与合作，提升自身的理论素养，提高社会主义核心价值观教育理论水平，更好地指导学生思想政治教育工作中的具体实践问题。

（4）建立科学的可操作性协同配合考核体系。要逐步建立有效的激励引导机制，制定辅导员和思想政治理论课教师协同配合的具体办法和措施，将协同配合的工作绩效作为评奖评优、职称评定、福利发放、科研立项的重要依据。特别是在学生社会主义核心价值观教育工作中工作积极、成绩优异、做出突出贡献的辅导员和思想政治理论课教师，要给予表彰奖励，授予荣誉称号，并且树立先进典型，加大宣传推广力度，从而增强辅导员和思想政治理论课教师的责任感和荣誉感，形成辅导员和思想政治理论课教师积极参与学生社会主义核心价值观教育工作的良好氛围。通过建立考核体系，能发现相互配合中存在的不足，从而在今后的工作中逐步改正和完善，使协同配合机制臻于完善。

第二节　优化整合校园文化育人功能

校园文化是社会主义核心价值观教育的重要载体。校园文化的塑造对大学生起着潜移默化的作用，对学生的成长成才具有重要影响。校园文化是社会文化在校园的投射与反映，按类型划分，包括物质文化、精神文化、制度文化和行为文化；按外在表现形式划分，不仅包括学校环境的布局等显性部分，还包括如校园内人的心理素质、精神风貌和思想观念等隐性部分。校园文化为社会主义核心价值观教育提供了环境、活动、制度保障。以校园文化推动社会主义核心价值观教育，将社会主义核心价值观内容和要求融入校园文化中，结合大学的传统特色并予以提炼升华，可以让全体大学生逐渐形成正确的人生观、世界观、价值观。

一、校园文化为培育和践行社会主义核心价值观提供重要载体

校园文化具有较强的育人功能，高校思想政治工作者通过透视青年学生的个性特征、心理特点、兴趣爱好等，开展丰富多彩、贴近大学生生活的各种活动，满足他们身心发展需要。校园文化融入社会主义核心价值观，有助于提升社会主义核心价值观的亲和力和感召力，使学生在浸润在校园文化环境中潜移默化地接受社会主义核心价值观的滋养，提高社会主义核心价值观的教育效果，真正做到以文化人，以文育人。

二、社会主义核心价值观为校园文化建设指明方向

我国大学是社会主义性质的大学，社会主义的性质和方向决定了校园文化的性质和方向，因此校园文化必须坚持社会主义方向。校园文化隶属于学校文化，是学校教育的延伸和补充。校园文化环境也是校园文化的重要组成部分，是社会主义核心价值观的重要载体。当前，我国高校校园文化建设面临的外在环境日益复杂，忽视校园文化的时代性和教育性等问题依然存在。伴随着高校改革的深入，校园文化的价值导向、内涵建设等方面与社会主义核心价值观所倡导的价值理念也出现了一定程度上的偏差。因此，要想保证校园文化建设在复杂多元的环境始终保持正确的方向，离不开社会主义核心价值观的引导。在校园文化建设中始终坚持社会主义核心价值观的指导，才能使大学生在众多的意识形态冲突辨别方向，始终保持清醒的头脑。

三、用社会主义核心价值观引领校园文化建设

当前，在意识形态斗争日趋复杂的背景下，高校只有坚持社会主义核心价值观，坚持在校园文化中以社会主义核心价值观培育为重点，才能帮助广大青年学生在多元的意识形态中辨别方向，提高对各类社会思潮本质的认识能力，进而树立正确的人生观、世界观、价值观。用社会主义核心价值观引领校园文化建设，其目标是保证校园文化始终沿着正确的方向前进。高校要用社会主义核心价值观引领知识传授、师德建设、校园文化，把社会主义核心价值观的要求融入课程教学、社会实践、日常管理中，逐渐形成协同效应。要将社会主义核心价值观融入校园物质文化、精神文化、制度文化、行为文化中，充分发挥每个文化独特的育人功能，充分认识、发掘、运用社会主义核心价值观教育规律，将社会主义核心价值观教育规律与校园文化发展规律充分结合起来，使之同向同行，共同起到立德树人目的，让社会主义核心价值观成为引领校园文化建设的强大动力。

创设校园生活环境，对社会主义核心价值观教育具有非常重要的促进作用。优美、整洁、舒适的校园环境，可以陶冶学生情操，激发学生对美好生活的向往和热爱。苏联著名的教育家苏霍姆林斯基就曾指出，“对周围世界的美感能陶冶学生的情操，使他们变得高尚文雅，富于同情心，憎恶丑行”。通过一些情景创设，可以使学生的价值观和思想道德修养在潜移默化当中受到熏陶，且这种影响是持久的，深远的，隐性的。

不断改善学校的硬环境。要求学校要有合理的空间布局和独特的设计风格，校园的绿化、雕像，学校的教室、食堂、操场、宿舍、图书馆和娱乐设施，应该有统筹规划，突出学校特色考虑到物质因素，也要考虑到精神因素，达到使用功能、审美功能、育人功能的有机结合。学校的道路、建筑、路牌、绿化、雕像等都可以对学生培养爱国、爱校、爱自然的情感。净化校园环境，可以帮助学生养成生态意识、环保意识、卫生意识，让学生自觉参与到学校环境的净化美化工作中，优化校园环境是践行社会主义核心价值观的重要举措。

不断加强校园软文化建设。树立学校良好的学风、教风、校风，高校在长期的办学过程中，要逐渐形成学校的特色。充分发挥校训校歌等校园文化标识的独特作用。此外，教师的教学风格，管理人员的服务态度、工作态度都会对学生产生潜移默化的影响。充分利用好学校的各种新媒体，如网站、微信公众号、微博、校园网等。积极宣传发生在学生身边的小事、好事。高校教育工作者在处理涉及学生切身利益的各种事务中做到及时、公开，也能加深学生对社会主义核心价值观中“公正”的理解。同时，高校还需要加强学校各项规章制度的执行，净化学校治安环境。

第三节　利用新媒体平台传播社会主义核心价值观

新兴媒体的兴起和发展给高校思想政治教育工作既带来挑战也带来了机遇，新媒体创设了一个平等交互的环境，新媒体中的海量信息使大学生可以快速地获得各类知识信息。单一、滞后、僵化的教学方式以及缺少互动和兴趣的课堂氛围，导致大学生对社会主义核心价值观的教育产生了抵触情绪，从而致使教育者的中心地位和权威被逐渐消解。新媒体话语体系削弱了大学生对社会主义核心价值观的认同感。

一、提升高校思想政治教育工作者新媒体媒介素养和技能

新媒体媒介素养指的是新媒体媒介信息的收集、筛选、判断、分析、运用、资源整合等多方面的综合素质和能力，高校思想政治工作者的新媒体素养和技能高低直接关系到在新媒体环境下能否做好大学生社会主义核心价值观教育。因此，高校一方面要加大对高校思想工作者的培训力度，包括新媒体理论、网络技术运用、计算机技能操作、法律法规、行为规范等培训，不断提升他们运用新媒体的能力，让他们不断熟悉新媒体语言及特点，了解他们的工作对象——学生在新媒体环境下的心理特点及诉求。另一方面，高校思想政治工作者要善于运用和整合新媒体资源，依托新媒体平台与大学生进行交流互动。要将网络热点与学生的日常生活结合起来，用马克思主义的观点、立场、方法阐释热点问题和现象，帮助学生透过问题看本质，发挥高校思想政治工作者的思想引领作用。除了提升高校思想政治工作者新媒体媒介素养之外，大学生媒介素养的高低直接决定了社会主义核心价值观教育效果。高校还可以开设网络媒介素养方面的课程，帮助学生提升新媒体信息分析、辨别能力。提升大学生媒介素养可以最大限度地减少新媒体负面信息效应，降低对社会主义核心价值观认同的干扰。

二、积极搭建网络教育平台，充分整合平台优势

首先，高校在工作体制上要构建学校分管领导、专业课教师、辅导员、学生管理人员、学生骨干等组成的立体化工作体系，并加大经费保障力度，努力打造一批有特色、覆盖面广的品牌网站，让其成为宣传社会主义核心价值观的坚强阵地，利用微信公众号、微信、博客等宣传平台传播正

能量，引导学生做出正确的价值判断和行为，使大学生在新媒体环境中接受潜移默化的影响，发挥出新媒体的隐性教育作用。其次，要加强新媒体内容创新，改革信息传播形式。调查结果显示，娱乐性是大学生关注新媒体的重要方式。社会主义核心价值观教育如果过于严肃，可能会脱离学生情感，难以激发学生的好奇心和兴趣。因此，了解学生的兴趣和需求，建设一批思想性、时代性、趣味性内容是留住用户的关键。要充分发挥新媒体的优势，将社会主义核心价值观转换为图文并茂、声像结合的方式，通过传播好人好事、传播先进文化、弘扬民族精神等方式呈现。用身边的事、身边的人开展教育和引导，形成新媒体传播社会主义核心价值观的新模式和新格局。

三、加大对新媒体的监管力度，提高大学生互联网法制意识

高校要积极营造良好的校园法治氛围，将法治教育和德治教育有机结合起来，形成人人知法、懂法、守法、用法的格局。高校要充分利用各种资源加强大学生法制教育，多渠道、全方位提升大学生法治意识，培育大学生法治精神。高校网络管理部门应该通过网络监控手段，过滤拦截不良信息，堵住监管漏洞。广泛性地开展网络法律法规专题教育，针对网络中的消极文化现象和不良行为，高校有关部门要进行严格管理，对网络不文明和不遵守网络秩序的行为要进行批评监督，必要时要进行纪律处分。此外，还要加强对新媒体的监管力度，开展常态化的专项整治活动，肃清网络违法行为，切实把好信息流通关，净化网络安全环境。

主要参考文献

著作类

[1]胡锦涛.胡锦涛文选[M].北京:人民出版社,2006.

[2]贾乐蓉.新世纪大众传媒的发展[M].北京:中国传媒大学出版社,2007.

[3]陈义平.当代西方政治思潮[M].合肥:安徽大学出版社,2008.

[4]张耀灿,陈万柏.思想政治教育学原理[M].北京:高等教育出版社,2011.

[5]马克思,恩格斯.马克思恩格斯选集[M].北京:人民出版社,2012.

[6]宁先圣,石新宇.社会主义核心价值体系与当代社会思潮[M].北京:社会科学文献出版社,2012.

[7]孙其昂.思想政治教育学前沿研究[M].北京:人民出版社,2013.

[8]黄超.高校网络思想政治教育研究[M].广州:世界图书出版广东有限公司,2013.

[9]陈芝海.大学生社会主义核心价值观教育研究[M].北京:光明日报出版社,2013.

[10]习近平.习近平谈治国理政[M].北京:外文出版社,2014.

[11]韩丽颖.当代大学生核心价值观研究[M].北京:人民出版社,2014.

[12]邱国勇.社会主义核心价值观教育研究[M].北京:人民出版社,2014.

[13]周家荣.社会主义核心价值体系研究——马克思主义价值哲学视角[M].北京:人民出版社,2014.

[14]陈伟军.社会思潮传播与核心价值引领[M].北京:人民出版社,2015.

[15]王双群.培育社会主义核心价值观研究[M].北京:中国社会科学出版社,2015.

[16]温小勇.怡养涵育:培育社会主义核心价值观的传统理路[M].北京:中国社会科学出版社,2015.

[17]黄进.社会主义核心价值观的"内省"与"外化"[M].南京:江苏人民出版社,2015.

[18]中共中央宣传部.习近平总书记系列重要讲话读本[M].北京:人民出版社,2016.

[19]孙杰.当代中国社会主义核心价值观研究[M].北京:人民出版社,2016.

[20]江泽民.江泽民文选[M].北京:人民出版社,2016.

[21]高小玫.社会主义核心价值观教育的渗透性研究[M].北京:中国社会科学出版社,2016.

[22]《十谈》编写组.加强和改进新形势下高校思想政治工作十谈[M].北京:人民出版社,2017.

[23]李春山,何京泽.社会主义核心价值观大众化研究[M].北京:人民出版社,2017.

[24]张景荣.社会主义核心价值观研究综述[M].北京:社会科学文献出版社,2017.

[25]中共中央宣传部.习近平新时代中国特色社会主义思想三十讲[M].北京:学习出版社,2018.

[26]汪峰.高校辅导员心理健康教育能力研究[M].芜湖:安徽师范大学出版社,2018.

期刊类

[1]汪峰.当代中国社会思潮影响大学生的途径探索[J].湖北第二师范学院学报.2009(7):58-59.

[2]汪峰.党的理论创新与高校思想政治教育实效性研究[J].重庆科技学院学报(社会科学版),2009(1):7-8.

[3]汪峰.创先争优成为社会价值取向的路径研究[J].党史文苑,2011(7):55-57.

[4]汪峰.论高校辅导员新媒体形象及其应用[J].高校辅导员学刊,2013(2):32-35.

[5]王结义.辅导员与思政理论课教师的教育协同配合探究[J].高校辅导员学刊.2013(3):32-35.

[6]张朝静.论社会主义核心价值观引领下的高校志愿精神培育[J].思想教育研究,2015(5):108-111.

[7]林致远.论社会主义核心价值观与高校校园文化建设的契合[J].教育评论,2015(12):23-26.

[8]孙兰英,任怡康.新媒体视域下大学生社会主义核心价值观培育的途径探析[J].天津大学学报(社会科学版),2016(1):60-63.

[9]朱惠军.大学生社会主义核心价值观培育问题及对策研究[J].学校党建与思想教育,2016(2):85-86.

[10]姜长宝,任俊霞.志愿服务:大学生践行社会主义核心价值观的有效载体[J].思想理论教育导刊,2016(3):107-110.

[11]李安林.文化熔铸:培育、弘扬和践行社会主义核心价值观的重要路径——学习习近平总书记关于社会主义核心价值观的重要论述[J].南京政治学院学报,2016(4):36-40.

[12]梁秀文,夏从亚.文化自信与社会主义核心价值观[J].中州学刊,2016(11):80-86.

[13]朱海涛.当代大学生社会主义核心价值观教育的路径探析[J].学校

党建与思想教育,2016(11):92-94.

[14]李凤南.高校共青团工作保护大学生权益的法治思维与法治方式[J].思想理论教育导刊,2017(2):135-138.

[15]孙琳.高校辅导员与思想政治理论课教师的有机协同——以培育和践行社会主义核心价值观为视角[J].湖北社会科学,2017(2):195-198.

[16]陆岩,刘麒,刘迪.高校培育和践行社会主义核心价值观长效机制研究[J].黑龙江高教研究,2017(3):165-167.

[17]陈延斌,高校要坚持不懈培育和弘扬社会主义核心价值观[J].马克思主义与现实,2017(3):9-14.

[18]胡绪明,刘鹏.社会主义核心价值体系融入大学生思想政治教育方法论探析[J].思想政治教育研究,2017(5):91-96.

[19]沈壮海,段立国.习近平社会主义核心价值观战略思想研究[J].东岳论丛,2017(6):12-22.

[20]柏路.推进高校社会主义核心价值观生活化的四个着力点[J].思想教育研究,2017(8):78-82.

[21]郭凤志.习近平文化自信思想发展脉络研究[J].学术前沿,2017(11):51-56.

[22]王学俭.新时代如何培育和践行社会主义核心价值观[J].人民论坛,2017(12):34-35.

[23]蒋翠婷,石书臣.习近平培育和践行社会主义核心价值观思想的方法论意蕴[J].山东师范大学学报(人文社会科学版),2018(1):28-35.

[24]王结义,束玉洁.党的十八大以来习近平青年成才观研究[J].池州学院学报,2018(1):41-43.

[25]张萍.互动力:增强文化自信与弘扬社会主义核心价值观[J].社会科学家,2018(2):66-71.

[26]徐国亮.社会主义先进文化是中华民族文化自信的灵魂[J].山东社会科学,2018(2):5-10.

[27]柳礼泉,王艺璇.弘扬榜样文化与培育爱国价值观[J].学术论坛,2018(3):162-168.

[28]何定龙.习近平“文化自信”思想及其对青年教育的意义[J].西南大学学报(社会科学版),2018(3):21-27.

[29]王越芬,曲长海.场域视角下社会主义核心价值观生活化研究[J].科学社会主义,2018(4):47-52.

[30]翟小满,杨宗友.大学生社会主义核心价值观培育论——机理、过程与路径选择[J].重庆大学学报(社会科学版),2018(4):215-223.

[31]周银珍.社会主义核心价值观:文化自信的灵魂[J].红旗文稿,2018(5):39.

[32]段海超,赵爱霞.文化自信视域下社会主义核心价值观的日常生活化探析[J].思想理论教育导刊,2018(6):87-90.

[33]张磊.文化自信视域下的大学生社会主义核心价值观培育[J].思想理论教育导刊,2018(6):76-78.

[34]张伟莉.大数据环境下青年学生社会主义核心价值观的培养路径[J].学校党建与思想教育.2018(6):10-12.

[35]杨林香.习近平论述青年责任的三重维度[J].福建师范大学学报(哲学社会科学版),2018(6):7-14.

[36]周萍.社会主义核心价值观融入高校校园文化建设的新思考[J].思想教育研究,2018(8):128-132.

[37]王学俭.阿剑波.习近平新时代青年教育思想及其价值旨归[J].思想教育研究,2018(8):3-9.

[38]戴木才.论坚定社会主义核心价值观自信马克思主义研究[J].马克思主义研究,2018(8):72-80.

[39]沈壮海.坚持社会主义核心价值体系[J].国家教育行政学院学报,2018(9):3-6.

[40]李爽,周玲微,刘芳:大学生社会主义核心价值观认同践行长效机制探究[J].学校党建与思想教育,2018(9):80-81.

[41]李林琳,侯玉环.新时代高校共青团做好社会主义核心价值观教育引导工作探析[J].思想理论教育导刊,2018(11):97-101.

[42]王结义,束玉洁.习近平青年成才观与高校共青团思想政治引领机

制研究[J].宿州学院学报,2018(12):52-55.

[43]肖贵清,佳日一史.新时代青年要做什么样的人[J].红旗文稿,2018(15):28-30.

[44]汪峰,王军.高校思想政治工作队伍中介思维及应用研究,蚌埠学院学报,2019(1):89-92.

[45]汪峰."四个自信"融入思想政治理论课的教学研究[J].淮北职业技术学院学报,2019(1):40-42.

[46]韩东云.深化与发展:社会主义核心价值观的历史演进与新时代内涵[J].河南社会科学2019(2):15-19.

[47]汪峰."中国梦"融入"概论"课教学的思路研究[J].滁州职业技术学院学报,2019(2):31-33,48.

[48]王结义.大数据场域高校开展社会主义核心价值观教育的"危"与"机"[J].昌吉学院学报,2019(2):68-71.

[49]汪峰.新时代高校思想政治工作队伍素质能力提升研究[J].赤峰学院学报,2019(7):124-127.

附 录

中共中央办公厅印发《关于培育和践行社会主义核心价值观的意见》

中办发〔2013〕24号

社会主义核心价值观是社会主义核心价值体系的内核，体现社会主义核心价值体系的根本性质和基本特征，反映社会主义核心价值体系的丰富内涵和实践要求，是社会主义核心价值体系的高度凝练和集中表达。为深入贯彻落实党的十八大和十八届三中全会精神，积极培育和践行社会主义核心价值观，现提出如下意见。

一、培育和践行社会主义核心价值观的重要意义和指导思想

（一）培育和践行社会主义核心价值观，是推进中国特色社会主义伟大事业、实现中华民族伟大复兴中国梦的战略任务。党的十八大提出，“倡导富强、民主、文明、和谐，倡导自由、平等、公正、法治，倡导爱国、敬业、诚信、友善，积极培育和践行社会主义核心价值观”。这与中国特色社会主义发展要求相契合，与中华优秀传统文化和人类文明优秀成果相承接，是我们党凝聚全党全社会价值共识作出的重要论断。富强、民主、文明、和谐是国家层面的价值目标，自由、平等、公正、法治是社会层面的价值取向，爱国、敬业、诚信、友善是公民个人层面的价值准则，这24个字是社会主义核心价值观的基本内容，为培育和践行社会主义核心价值观提供了基本遵循。面对世界范围思想文化交流交融交锋形势下价值观较量的新态势，面对改革开放和发展社会主义市场经济条件下思想意识多元

多样多变的新特点，积极培育和践行社会主义核心价值观，对于巩固马克思主义在意识形态领域的指导地位、巩固全党全国人民团结奋斗的共同思想基础，对于促进人的全面发展、引领社会全面进步，对于集聚全面建成小康社会、实现中华民族伟大复兴中国梦的强大正能量，具有重要现实意义和深远历史意义。

（二）培育和践行社会主义核心价值观的指导思想是：高举中国特色社会主义伟大旗帜，以邓小平理论、“三个代表”重要思想、科学发展观为指导，深入学习贯彻党的十八大精神和习近平同志系列讲话精神，紧紧围绕坚持和发展中国特色社会主义这一主题，紧紧围绕实现中华民族伟大复兴中国梦这一目标，紧紧围绕“三个倡导”这一基本内容，注重宣传教育、示范引领、实践养成相统一，注重政策保障、制度规范、法律约束相衔接，使社会主义核心价值观融入人们生产生活和精神世界，激励全体人民为夺取中国特色社会主义新胜利而不懈奋斗。

（三）培育和践行社会主义核心价值观要坚持以下原则：坚持以人为本，尊重群众主体地位，关注人们利益诉求和价值愿望，促进人的全面发展；坚持以理想信念为核心，抓住世界观、人生观、价值观这个总开关，在全社会牢固树立中国特色社会主义共同理想，着力铸牢人们的精神支柱；坚持联系实际，区分层次和对象，加强分类指导，找准与人们思想的共鸣点、与群众利益的交汇点，做到贴近性、对象化、接地气；坚持改进创新，善于运用群众喜闻乐见的方式，搭建群众便于参与的平台，开辟群众乐于参与的渠道，积极推进理念创新、手段创新和基层工作创新，增强工作的吸引力感染力。

二、把培育和践行社会主义核心价值观融入国民教育全过程

（四）培育和践行社会主义核心价值观要从小抓起、从学校抓起。坚持育人为本、德育为先，围绕立德树人的根本任务，把社会主义核心价值观纳入国民教育总体规划，贯穿于基础教育、高等教育、职业技术教育、成人教育各领域，落实到教育教学和管理服务各环节，覆盖到所有学校和受

教育者，形成课堂教学、社会实践、校园文化多位一体的育人平台，不断完善中华优秀传统文化教育，形成爱学习、爱劳动、爱祖国活动的有效形式和长效机制，努力培养德智体美全面发展的社会主义建设者和接班人。适应青少年身心特点和成长规律，深化未成年人思想道德建设和大学生思想政治教育，构建大中小学有效衔接的德育课程体系和教材体系，创新中小学德育课和高校思想政治理论课教育教学，推动社会主义核心价值观进教材、进课堂、进学生头脑。完善学校、家庭、社会三结合的教育网络，引导广大家庭和社会各方面主动配合学校教育，以良好的家庭氛围和社会风气巩固学校教育成果，形成家庭、社会与学校携手育人的强大合力。

（五）拓展青少年培育和践行社会主义核心价值观的有效途径。注重发挥社会实践的养成作用，完善实践教育教学体系，开发实践课程和活动课程，加强实践育人基地建设，打造大学生校外实践教育基地、高职实训基地、青少年社会实践活动基地，组织青少年参加力所能及的生产劳动和爱心公益活动、益德益智的科研发明和创新创造活动、形式多样的志愿服务和勤工俭学活动。注重发挥校园文化的熏陶作用，加强学校报刊、广播电视、网络建设，完善校园文化活动设施，重视校园人文环境培育和周边环境整治，建设体现社会主义特点、时代特征、学校特色的校园文化。

（六）建设师德高尚、业务精湛的高素质教师队伍。实施师德师风建设工程，坚持师德为上，完善教师职业道德规范，健全教师任职资格准入制度，将师德表现作为教师考核、聘任和评价的首要内容，形成师德师风建设长效机制。着重抓好学校党政干部和共青团干部，思想品德课、思想政治理论课和哲学社会科学课教师，辅导员和班主任队伍建设。引导广大教师自觉增强教书育人的荣誉感和责任感，学为人师、行为世范，做学生健康成长的指导者和引路人。

三、把培育和践行社会主义核心价值观落实到经济发展实践和社会治理中

（七）确立经济发展目标和发展规划，出台经济社会政策和重大改革措

施，开展各项生产经营活动，要遵循社会主义核心价值观要求，做到讲社会责任、讲社会效益，讲守法经营、讲公平竞争、讲诚信守约，形成有利于弘扬社会主义核心价值观的良好政策导向、利益机制和社会环境。与人们生产生活和现实利益密切相关的具体政策措施，要注重经济行为和价值导向有机统一，经济效益和社会效益有机统一，实现市场经济和道德建设良性互动。建立完善相应的政策评估和纠偏机制，防止出现具体政策措施与社会主义核心价值观相背离的现象。

（八）法律法规是推广社会主流价值的重要保证。要把社会主义核心价值观贯彻到依法治国、依法执政、依法行政实践中，落实到立法、执法、司法、普法和依法治理各个方面，用法律的权威来增强人们培育和践行社会主义核心价值观的自觉性。厉行法治，严格执法，公正司法，捍卫宪法和法律尊严，维护社会公平正义。加强法制宣传教育，培育社会主义法治文化，弘扬社会主义法治精神，增强全社会学法尊法守法用法意识。注重把社会主义核心价值观相关要求上升为具体法律规定，充分发挥法律的规范、引导、保障、促进作用，形成有利于培育和践行社会主义核心价值观的良好法治环境。

（九）要把践行社会主义核心价值观作为社会治理的重要内容，融入制度建设和治理工作中，形成科学有效的诉求表达机制、利益协调机制、矛盾调处机制、权益保障机制，最大限度增进社会和谐。创新社会治理，完善激励机制，褒奖善行义举，实现治理效能与道德提升相互促进，形成好人好报、恩将德报的正向效应。完善市民公约、村规民约、学生守则、行业规范，强化规章制度实施力度，在日常治理中鲜明彰显社会主流价值，使正确行为得到鼓励、错误行为受到谴责。

四、加强社会主义核心价值观宣传教育

（十）用社会主义核心价值观引领社会思潮、凝聚社会共识。深入开展中国特色社会主义和中国梦宣传教育，不断增强人们的道路自信、理论自信、制度自信，坚定全社会全面深化改革的意志和决心。把社会主义核心

价值观学习教育纳入各级党委（党组）中心组学习计划，纳入各级党委讲师团经常性宣讲内容。深入研究社会主义核心价值观的理论和实际问题，深刻解读社会主义核心价值观的丰富内涵和实践要求，为实践发展提供学理支撑。深入推进马克思主义理论研究和建设工程，发挥国家社科基金的导向带动作用，推出更多有分量有价值的研究成果。加强社会思潮动态分析，强化社会热点难点问题的正面引导，在尊重差异中扩大社会认同，在包容多样中形成思想共识。严格社团、讲座、论坛、研讨会、报告会的管理。

（十一）新闻媒体要发挥传播社会主流价值的主渠道作用。坚持团结稳定鼓劲、正面宣传为主，牢牢把握正确舆论导向，把社会主义核心价值观贯穿到日常形势宣传、成就宣传、主题宣传、典型宣传、热点引导和舆论监督中，弘扬主旋律，传播正能量，不断巩固壮大积极健康向上的主流思想舆论。党报党刊、通讯社、电台电视台要拿出重要版面时段、推出专栏专题，出版社要推出专项出版，运用新闻报道、言论评论、访谈节目、专题节目和各类出版物等形式传播社会主义核心价值观。都市类、行业类媒体要增强传播主流价值的社会责任，积极发挥自身优势，适应分众化特点，多联系群众身边事例，多运用大众化语言，在生动活泼的宣传报道中引导人们培育和践行社会主义核心价值观。强化传播媒介管理，不为错误观点提供传播渠道。新闻出版单位和从业人员要强化行业自律，切实增强传播社会主义核心价值观的责任意识和能力，将个人道德修养作为从业资格考评重要内容。

（十二）建设社会主义核心价值观的网上传播阵地。适应互联网快速发展形势，善于运用网络传播规律，把社会主义核心价值观体现到网络宣传、网络文化、网络服务中，用正面声音和先进文化占领网络阵地。做大做强重点新闻网站，发挥主要商业网站建设性作用，形成良好的网上舆论环境，集聚网上舆论引导合力。做好重大信息网上发布，回应网民关切，主动有效进行网上引导。推动中华优秀传统文化和当代文化精品网络化传播，创作适于新兴媒体传播、格调健康的网络文化作品。依法加强网络社会管理，加强对网络新技术新应用的管理，推进网络法制建设，规范网上信息传播秩序，整治网络淫秽色情和低俗信息，打击网络谣言和违法犯罪，使网络空间清朗起来。

（十三）发挥精神文化产品育人化人的重要功能。一切文化产品、文化服务和文化活动，都要弘扬社会主义核心价值观，传递积极人生追求、高尚思想境界和健康生活情趣。提升文化产品的思想品格和艺术品位，用思想性艺术性观赏性相统一的优秀作品，弘扬真善美，贬斥假恶丑。加强对新型文化业态、文化样式的引导，让不同类型文化产品都成为弘扬社会主流价值的生动载体。加大对优秀文化产品的推广力度，开展优秀文化产品展演展映展播活动、经典作品阅读观看活动。完善文化产品评价体系，坚持文艺评论评奖的正确价值取向。完善公共文化服务体系，提供均等优质的文化产品，开展多姿多彩的文化活动，丰富群众精神文化生活。

五、开展涵养社会主义核心价值观的实践活动

（十四）广泛开展道德实践活动。以诚信建设为重点，加强社会公德、职业道德、家庭美德、个人品德教育，形成修身律己、崇德向善、礼让宽容的道德风尚。大力宣传先进典型，评选表彰道德模范，形成学习先进、争当先进的浓厚风气。在国家博物馆设立英模陈列馆。深化公民道德宣传日活动，组织道德论坛、道德讲堂、道德修身等活动。加强政务诚信、商务诚信、社会诚信和司法公信建设，开展道德领域突出问题专项教育和治理，完善企业和个人信用记录，健全覆盖全社会的征信系统，加大对失信行为的约束和惩戒力度，在全社会广泛形成守信光荣、失信可耻的氛围。把开展道德实践活动与培育廉洁价值理念相结合，营造崇尚廉洁、鄙弃贪腐的良好社会风尚。

（十五）深化学雷锋志愿服务活动。大力弘扬雷锋精神，广泛开展形式多样的学雷锋实践活动，采取措施推动学雷锋活动常态化。以城乡社区为重点，以相互关爱、服务社会为主题，围绕扶贫济困、应急救援、大型活动、环境保护等方面，围绕空巢老人、留守妇女儿童、困难职工、残疾人等群体，组织开展各类形式的志愿服务活动，形成我为人人、人人为我的

社会风气。把学雷锋和志愿服务结合起来，建立健全志愿服务制度，完善激励机制和政策法规保障机制，把学雷锋志愿服务活动做到基层、做到社区、做进家庭。

（十六）深化群众性精神文明创建活动。各类精神文明创建活动要在突出社会主义核心价值观的思想内涵上求实效。推进文明城市、文明村镇、文明单位、文明家庭等创建活动，开展全民阅读活动，不断提升公民文明素质和社会文明程度。广泛开展美丽中国建设宣传教育。开展礼节礼仪教育，在重要场所和重要活动中升挂国旗、奏唱国歌，在学校开学、学生毕业时举行庄重简朴的典礼，完善重大灾难哀悼纪念活动，使礼节礼仪成为培育社会主流价值的重要方式。加强对公民文明旅游的宣传教育、规范约束和社会监督，增强公民旅游的文明意识。

（十七）发挥优秀传统文化怡情养志、涵育文明的重要作用。中华优秀传统文化积淀着中华民族最深沉的精神追求，包含着中华民族最根本的精神基因，代表着中华民族独特的精神标识，是中华民族生生不息、发展壮大的丰厚滋养。建设优秀传统文化传承体系，加大文物保护和非物质文化遗产保护力度，加强对优秀传统文化思想价值的挖掘，梳理和萃取中华文化中的思想精华，作出通俗易懂的当代表达，赋予新的时代内涵，使之与中国特色社会主义相适应，让优秀传统文化在新的时代条件下不断发扬光大。重视民族传统节日的思想熏陶和文化教育功能，丰富民族传统节日的文化内涵，开展优秀传统文化教育普及活动，培育特色鲜明、气氛浓郁的节日文化。增加国民教育中优秀传统文化课程内容，分阶段有序推进学校优秀传统文化教育。开展移风易俗，创新民俗文化样式，形成与历史文化传统相承接、与时代发展相一致的新民俗。

（十八）发挥重要节庆日传播社会主流价值的独特优势。开展革命传统教育，加强对革命传统文化时代价值的阐发，发扬党领导人民在革命、建设、改革中形成的优良传统，弘扬民族精神和时代精神。挖掘各种重要节庆日、纪念日蕴藏的丰富教育资源，利用五四、七一、八一、十一等政治性节日，三八、五一、六一等国际性节日，党史国史上重大事件、重要人物纪念日等，举办庄严庄重、内涵丰富的群众性庆祝和纪念活动。利用党和国家成功举办大事、妥善应对难事的时机，因势利导地开展各类教育活动。加强爱国主义教育基地建设，形成实体展馆与网上展馆相结合、涵盖各个历史时期的爱国主义教育基地体系。推进公共博物馆、纪念馆、爱国主义教育基地和文化馆、图书馆、美术馆、科技馆等免费开放，积极发展红色旅游。

（十九）运用公益广告传播社会主流价值、引领文明风尚。围绕社会主义核心价值观，加强公益广告的选题规划和内容创意，形成公益广告传播先进文化、传扬新风正气的强大声势。加大公益广告刊播力度，广播电视、报纸期刊要拿出黄金时段、重要版面和显著位置，持续刊播公益广告。互联网和手机媒体要发挥传输快捷、覆盖广泛的优势，运用多种方式扩大公益广告的影响力。社会公共场所、公共交通工具要在适当位置悬挂张贴公益广告。各类公益广告要注重导向鲜明、富有内涵、引人向上，注重形式多样、品位高雅、创意新颖，体现时代感厚重感，增强传播力感染力。

六、加强对培育和践行社会主义核心价值观的组织领导

（二十）各级党委和政府要充分认识培育和践行社会主义核心价值观的重要性，把这项任务摆上重要位置，把握方向，制定政策，营造环境，切实负起政治责任和领导责任。把社会主义核心价值观要求体现到经济建设、政治建设、文化建设、社会建设、生态文明建设和党的建设各领域，推动培育和践行社会主义核心价值观同实际工作融为一体、相互促进。建立健全培育和践行社会主义核心价值观的领导体制和工作机制，加强统筹协调，加强组织实施，加强督促落实，提高工作科学化水平。党的基层组织要在推动社会主义核心价值观培育和践行方面，发挥政治核心作用和战斗堡垒作用，筑牢社会和谐的精神纽带，打牢党执政的思想基础。

（二十一）党员、干部要做培育和践行社会主义核心价值观的模范。党员、干部特别是领导干部要在培育和践行社会主义核心价值观方面带好头，以身作则、率先垂范，讲党性、重品行、作表率，为民、务实、清

廉，以人格力量感召群众、引领风尚。加强理想信念教育，引导党员、干部着力增强走中国特色社会主义道路、为党和人民事业不懈奋斗的自觉性和坚定性，做共产主义远大理想和中国特色社会主义共同理想的坚定信仰者。加强党性教育，引导党员、干部贯彻党的群众路线，弘扬党的优良传统和作风，以优良党风促政风带民风。加强道德建设，引导党员、干部始终保持高洁生活情趣，坚守共产党人精神追求。

（二十二）培育和践行社会主义核心价值观是全社会的共同责任。坚持全党动手、全社会参与，把培育和践行社会主义核心价值观同各领域的行政管理、行业管理和社会管理结合起来，形成齐抓共管的工作格局。党政各部门，工会、共青团、妇联等人民团体，要在党委统一领导下，加强沟通、密切配合，形成共同推进社会主义核心价值观培育和践行的良好局面。各地区各部门各单位要制定实施方案，落实工作责任制，明确任务分工，完善工作措施。重视发挥民主党派和工商联的重要作用，支持民主党派和工商联开展培育和践行社会主义核心价值观的各项工作。加强同知识界的联系，引导知识分子用正确观点阐释和传播社会主义核心价值观。党委宣传部门要切实担负起组织指导、协调推进的重要职责，积极会同有关部门采取有力措施，推动各项任务落到实处。

（二十三）把培育和践行社会主义核心价值观的任务落实到基层。城乡基层是培育和践行社会主流价值的重要依托，农村、企业、社区、机关、学校等基层单位要重视社会主义核心价值观的培育和践行，使之融入基层党组织建设、基层政权建设中，融入城乡居民自治中，融入人们生产生活和工作学习中，努力实现全覆盖，推动社会主义核心价值观不断转化为社会群体意识和人们自觉行动。充分发挥工人、农民、知识分子的主力军作用，发挥党员、干部的模范带头作用，发挥青少年的生力军作用，发挥社会公众人物的示范作用，发挥非公有制经济组织和新社会组织从业人员的积极作用，形成人人践行社会主义核心价值观的生动景象。